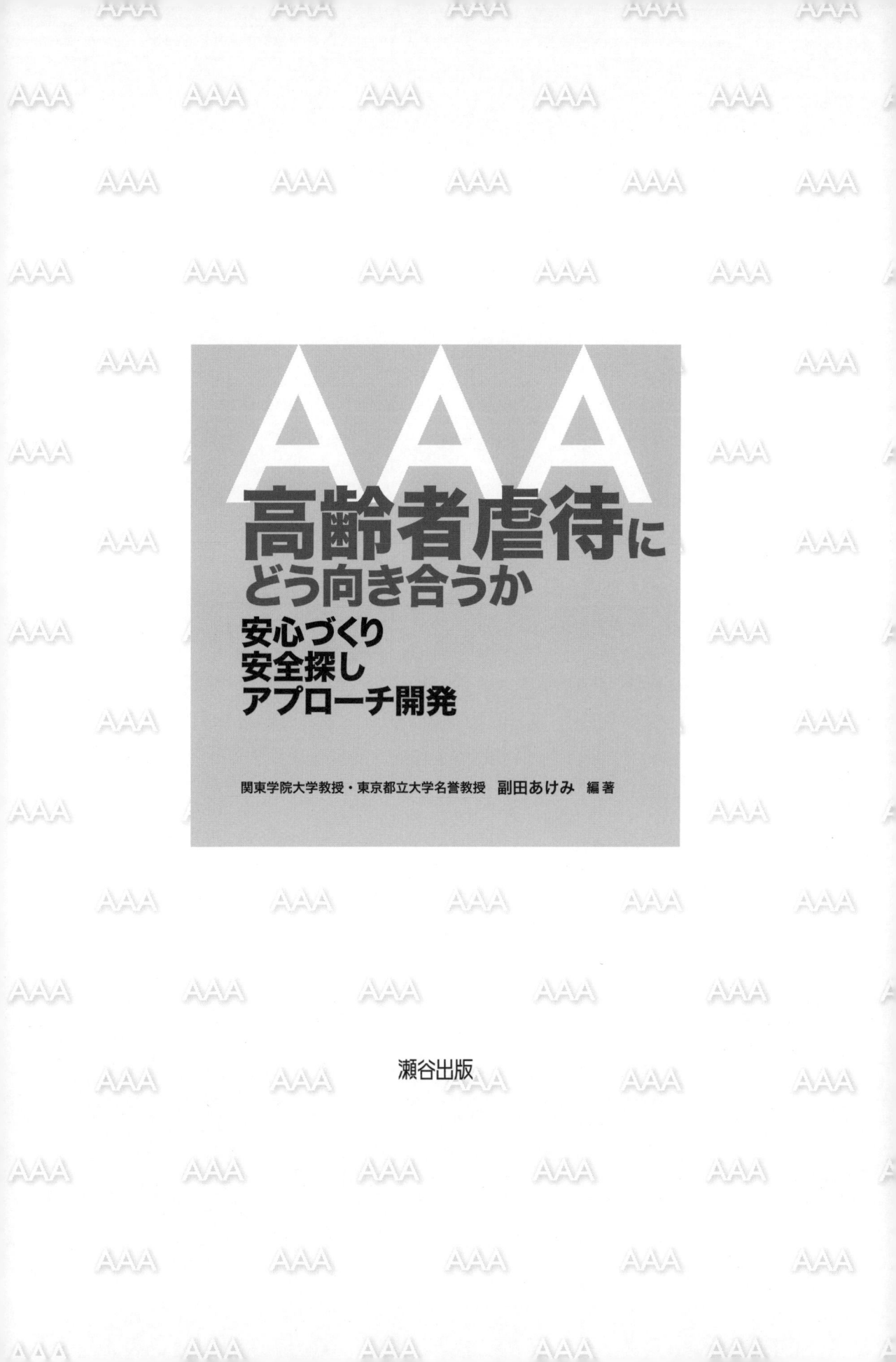

高齢者虐待にどう向き合うか

安心づくり安全探しアプローチ開発

関東学院大学教授・東京都立大学名誉教授　副田あけみ　編著

瀬谷出版

はじめに

　わが国の高齢者虐待防止研究は、1990年代前半、その実態を把握する調査研究からスタートした。その後、研究者を中心とした高齢者虐待防止法制定のためのロビー活動が行われ、2005年に、「高齢者虐待の防止、高齢者の養護者に対する支援等に関する法律」（略称、高齢者虐待防止法）が議員立法で成立した。他の先進国では、1980年代に高齢者虐待が社会的に「発見」され、社会問題化されていったところが多いが、国レベルで高齢者に特化した虐待防止法を制定しているところは今のところない。わが国では、短期間のうちに高齢者虐待が「発見」され、防止のための個別法制定にまで至った。

　これは、防止法制定以前にわが国の高齢者虐待発生率が他国に比べて高かったから、という理由によるものではない。正確な発生率は把握されていないが、アメリカなどに比べて高いとは一般的に考えられていない。それにもかかわらず、短期間で防止法が成立したのは、関係者の間で、高齢者虐待の原因論として介護ストレス説が重視されたからと考えられる。2000年に介護保険が成立してもなお、家族の介護負担、介護ストレスは大きく、その負担、ストレスを軽減して家族を支援していかなければ、高齢者虐待は増加していくという認識が共有されたからである。高齢者虐待を「犯罪」行為としてではなく、「支援が必要な状態」として捉え、高齢者とともにその家族介護者を支援する。わが国の防止法の名称は、この目的をそのまま表現したものになっている。

　しかし、現実の高齢者虐待事例は、介護ストレスだけでなくさまざまな個人的要因・家族要因・社会的要因の絡みから生じていることが多い。介護に関わっていない家族による虐待事例も少なからず存在する。また、介入や支援を拒否する家族も少なくない。こうしたなかで、虐待する家族に相対する行政（高齢者支援課等）職員や地域包括支援センター職員、介護支援専門員らは、どのように支援すればよいのか対応に苦慮している。なかには援助職としての自信を失う者もいる。

　私たちは、高齢者虐待防止法制定以前から高齢者虐待事例に関する事例検討会や研修等に個別的に関わってきた。防止法制定後、相談・通報事例が増えるとともに、事例への関わり方がわからない、どのように家族と関係をつくり、どのように事実確認を行えばよいのか教えて欲しい、といった声をよく聞くようになった。こうした援助職に対し、「ひとりで悩まず関係者で話し合ってチームアプローチを」というだけでは何も伝えたことにならない。また、「家族が介入を拒否しているから関係者で見守りをしているが、緊急事態が起きてから保護分離するという方針でいいのだろうか？　そうした事態が起きないように支援する手はないのだろうか？」といった質問も受けてきた。こうした援助職の悩みに応える介入アプローチとはどのようなものであればよいのか。

　本書は、私たちがこうした問題意識のもとに、既存の高齢者虐待への介入アプローチを検

討し、新しい介入アプローチの開発の必要性を認識したうえで実施した、介入アプローチ開発のプロセスとその有用性に関する評価研究の結果を示すものである。高齢者虐待研究では、虐待事例への介入アプローチに関する研究は乏しい。ソーシャルワーク実践研究においては、介入アプローチの開発研究が乏しい。それゆえ、本書で示す高齢者虐待防止のための介入アプローチ、私たちが「安心づくり安全探しアプローチ」と名付けた解決志向アプローチとサインズ・オブ・セイフティ・アプローチにもとづく介入アプローチの開発研究は、従来の高齢者虐待研究に対し介入アプローチ研究の必要性とその意義を、また、ソーシャルワーク実践研究に対し、介入アプローチ開発研究の必要性とその意義を示すものとなろう。昨今、EBP（Evidence-Based Practice：科学的根拠に基づく実践）の必要性が、わが国のソーシャルワーク界でも主張されている。本書で示す介入アプローチの開発研究は、高齢者虐待に対するEBP研究の1つと言ってよいだろう。

本書で示す新しい介入アプローチは、高齢者虐待に関わる援助職の実践に役立つだけでなく、「支援困難事例」と呼ばれる事例、特に関係性づくりが困難であったり、支援を受ける動機付けの低い事例にも役立つはずである。

本書の構成は以下の通りである。
序章「高齢者虐待の実態と対応の仕組み」では、高齢者虐待への介入アプローチ検討にあたり、わが国の高齢者虐待の実態（1節）と虐待対応の仕組み（2節）について概観する。
1章「高齢者虐待に関する研究」では、高齢者虐待に関する既存研究を広くレビューしたうえで（1節）、高齢者虐待への介入アプローチに関する研究について整理し、援助職に役立つアプローチを開発していく必要があることを確認する（2節）。
2章「介入アプローチ開発」では、介入アプローチ開発研究とは何かを、保健医療において行われている介入アプローチ開発研究を中心に検討する（1節）。そして、社会福祉における介入研究と介入アプローチ開発研究の方法をレビューする。
3章「『安心づくり安全探しアプローチ』開発」では、M–D&Dという実践モデル開発研究方法に従って、高齢者虐待への新しい介入アプローチ開発の理由とプロセスについて述べる（1節）。次に、開発したアプローチ試行のため、援助職を対象として作成した研修プログラムと（2節）、援助職に対して実施する評価研究のデザインについて記述する（3節）。
4章「『安心づくり安全探しアプローチ』の評価」では、本アプローチの効果と有用性を評価するために実施した、研修前後の質問紙調査結果（1節）、研修3か月後における質問紙調査結果（2節）、研修後の経過記録シート分析結果等（3節）を報告する。
終章では、本研究のまとめと（1節）、「安心づくり安全探しアプローチ」普及の方法と課題について述べたうえで（2節）、ソーシャルワークのEBP研究における本研究の意義を論じる（3節）。

本書は、平成21〜23年度科研費基盤研究（C）「高齢者虐待に関する支援方法の研究」（代表：副田あけみ、課題番号21530588）の研究成果をまとめたものである。

（編者　副田あけみ）

もくじ

序章 高齢者虐待の実態と対応の仕組み
1節 高齢者虐待の実態・・・・6
2節 高齢者虐待対応の仕組み・・・・15

1章 高齢者虐待に関する研究
1節 高齢者虐待研究の動向・・・・19
2節 高齢者虐待に対する実践モデル・・・・24

2章 介入アプローチ開発
1節 介入研究とは・・・・33
2節 社会福祉領域における介入研究・・・・37

3章 「安心づくり安全探しアプローチ」開発
1節 開発研究プロセス・・・・45
2節 開発したシート・・・・52
3節 「安心づくり安全探しアプローチ」の全体像・・・・59
4節 研修プログラムの開発・・・・65
5節 評価研究デザイン・・・・68

4章 「安心づくり安全探しアプローチ」の評価
1節 研修による効果・・・・76
2節 研修3か月後の効果と影響を与えた要因・・・・83
3節 フォローアップ調査による検証・・・・93
4節 試行に基づく改良・・・・117

終章 普及と開発研究の意義
1節 開発研究の成果・・・・124
2節 普及の方法と課題・・・・127
3節 EBP研究における意義・・・・130

資料編
　危害リスク確認シート・・・・134
　安全探しシート・・・・135
　タイムシート・・・・136
　エピソードシート・・・・137
　エピソードシート（食事について）・・・・138
　安心づくりシート（旧版）・・・・139
　安心づくりシート（改訂版）・・・・140
　プランニングシート（機関用）・・・・141
　プランニングシート（話し合い用）・・・・142
　ケースカンファレンスシートの記入様式・・・・143

高齢者虐待への介入アプローチ──安心づくり安全探しアプローチ(AAA)──

序章　高齢者虐待の実態と対応の仕組み

1節　高齢者虐待の実態

1. 高齢者虐待とは

　高齢者虐待の実態を見ていく前に、高齢者虐待とは何かについて、また、高齢者虐待がいつ頃から社会的な問題として取り上げられるようになったのかを見ておこう。まず、今まで行われてきた研究のなかで用いられてきた定義を確認することから始めたい。

　デカルマーとグレンデニングは高齢者虐待を、①身体的虐待（なぐる、平手打ち、押し倒す、監禁する）、②心理的虐待（恐喝、非難、あるいはののしる）、③食物、暖房、衣服、快適さの剥奪、④高齢者を強制的に隔離（他人と会ったり、話をさせない）、⑤性的虐待、⑥誤った方法（回数・量等）で医薬品を与えること、⑦（高齢者の）お金と財産を取り上げることと定義している（Decalmer and Glendenning. 1993＝1998）。また多々良らは、①身体的虐待（意図的に物理的な力を行使し、身体の傷、痛みまたは欠損を結果としてもたらすこと）、②世話の放任（意図的または結果的にケア提供者がケア提供に関わる約束または義務を履行しないこと）、③情緒的・心理的虐待（脅し、侮辱、威圧などの言語による心理的または情緒的な苦痛を意図的に与えること）、④金銭的・物質的な搾取（許可なくして高齢者の金銭、財産またはその他の資源を使うこと）、⑤性的虐待（あらゆる形態における高齢者との合意のなされていない性的接触）と定義している（多々良．2001）。この2つは、虐待の種類を提示することで高齢者虐待の定義としている。

　他方、寝たきり予防研究会は、高齢者虐待を「高齢者の人権を侵害する行為のすべて」であり、その結果として「高齢者が人として尊厳を保てない状態に陥ること。つまり人間らしく生存することが侵される行為」と一般化した形で定義している。そのうえで、①身体的虐待、②性的虐待、③金銭的・物質的虐待、④心理的虐待については、ほぼ多々良らと同様の行為を虐待の種類として上げている。だが、放任については、その意図の有無別に、⑤意図的放任（介護者が故意に、身体的損傷や精神的苦痛・ストレスを与えようとして、あえて世話をしなかったり、わざと必要な保健・医療・福祉サービスの利用を拒否したり、服用させるべき薬を飲ませなかったりすること）と、⑥無意図的放任（介護者の体力不足、知識不足などから、知らず知らずのうちに適切でない対応や言動をしてしまっていること）とに分けている。また、多々良らとは異なり、自己放任を虐待種類の1つとして取り上げ、やはり意

図の有無別に、⑦意図的自己放任（本来、自分でできる能力がありながら、身の回りの生活や健康管理・家事などをあえて自分で放棄することによって、心身の健康上の問題が生じること）と、⑧無意図的自己放任（本人が気づかないうちに、自分の身の回りの清潔、健康管理、家事などをしなくなっていること）に分けている（寝たきり予防研究会. 2002）。

　また、特定非営利活動法人日本高齢者虐待防止センターは、高齢者虐待を「高齢者と何らかの人間関係のあるものによって高齢者に加えられた行為で、高齢者の心身に深い傷を負わせ、高齢者の尊厳と基本的人権を侵害する行為」と定義している。これは、高齢者虐待が高齢者と関係のある人によって行われる行為であること、そして、その行為が決して軽いものではなく、高齢者の心身に傷を負わせるような内容のものであることを明示している（日本高齢者虐待防止センター. 2006）。

　このように、高齢者虐待の定義の仕方は研究者や研究団体によって少しずつ異なるが、共通点をもとに定義すれば、高齢者虐待とは、身体的虐待、心理的虐待、世話の放任、性的虐待、経済的虐待といったいくつかの種類に分類しうる、高齢者の尊厳や基本的人権を侵害する行為、と言えよう。

　では、高齢者問題はいつ頃から社会的に注目されるようになったのか。日本では1987年、精神科医の金子によって初めて高齢者虐待に関する実態調査をもとにした著書『老人虐待』（金子. 1987）が刊行された。しかし、金子の著書が刊行されてからも、高齢者虐待を社会問題として取り上げる動きはしばらく見られず、高齢者虐待は研究者やマスメディアの関心をひくものとはならなかった。高齢者虐待が研究者の関心として取り上げられるようになったのは、1990年代に入ってからである。副田によると、皮切りとなったのは田中を代表とする高齢者処遇研究会が1993年に行った全国調査である（副田. 2008）。その後も、1995年の高崎を代表とする東京医科歯科大学医学部老人虐待研究プロジェクトによる全国調査(東京医科歯科大学医学部保健衛生学科老人虐待プロジェクト. 1996)、1997年の高齢者処遇研究会による全国調査(高齢者処遇研究会. 1998)、1999年の多々良を代表とする長寿科学総合研究事業による全国調査（多々良. 2001）など、1990年代には、さまざまな高齢者虐待に関する実態把握調査が行われるようになった。

　ではなぜ、1990年代に入り関心が向けられるようになったのか。そこには、1989年に始まった「高齢者保健福祉推進10か年戦略」（ゴールドプラン）や、2000年に始まった介護保険制度の影響が考えられる。つまり、ゴールドプランや介護保険制度の開始によってホームヘルプサービス、ショートステイ、デイサービスといったサービスが導入され、サービス提供者が高齢者と家族に接する機会が増えてきた。また、在宅介護支援センター職員が家庭訪問し、虐待場面を目にする機会も増えた。その結果、虐待が発見されることが多くなり、こうした援助職が家族への対応に苦慮する場面が増えてきたことによって、彼らが虐待の実態を指摘するようになったことが考えられる。

　高崎、多々良、田中らなどこれまで高齢者虐待の調査を手がけた研究者たちは、高齢者虐待が社会問題であることを指摘し、その対応にあたっては高齢者虐待防止法が必要であることを自民党の政治家たちに訴えた。そして、研究者たちの働きかけの影響を受けて、2003

年には、厚生労働省が財団法人医療経済研究機構に委託し、全国の関係機関や市区町村を対象とした『家庭内における高齢者虐待に関する調査』(医療経済研究機構.2004)を実施することになった。また、同省は老人保健健康増進等事業の1つとして神奈川県横須賀市と石川県金沢市の実施する高齢者虐待防止に関する事業をモデル事業として指定した。そして、2005年11月には、自民党と民主党の国会議員による検討会を経て、議員立法で「高齢者虐待の防止、高齢者の養護者に対する支援等に関する法律」(以下、「高齢者虐待防止法」と略す)が成立し、翌年の4月から施行されることになった。この間、先の研究者たちや弁護士など、保健、医療、福祉、法律等の関係者たちは日本高齢者虐待防止学会を設立し(2003年)、高齢者虐待防止法の制定を働きかけていた。

　このように、高齢者虐待は、1990年代半ばごろから先駆的な研究者たちによって社会問題として取り上げられ、2000年代になってから厚生労働省からも認知されるようになった。そして、2000年代半ばには議員立法として高齢者虐待防止法が制定されるに至った。

2. 高齢者虐待防止法の特徴

　高齢者虐待防止法は、「高齢者に対する虐待が深刻な状況にあり、高齢者の尊厳の保持にとって高齢者に対する虐待を防止することが極めて重要であること等」の状況に対して「高齢者虐待の防止、養護者に対する支援等に関する施策を促進し、もって高齢者の権利利益の擁護に資すること」を目的としている。つまり、本法は、高齢者の尊厳の保持と権利利益の擁護のために高齢者虐待を防止することと、高齢者を養護する者、すなわち養護者を支援すること、の2つを目的とした法律である。法の正式名称(「高齢者虐待の防止、高齢者の養護者に対する支援等に関する法律」)はこの2つの目的を並べたものである。

　本法では、高齢者虐待を「養護者による高齢者虐待」と「養介護施設従事者等による高齢者虐待」とを分けて定義しているが、取り上げている虐待行為の種類と内容は、ほとんど変わらない。以下は、「養護者による高齢者虐待」として取り上げられているものである。①身体的虐待(高齢者の身体に外傷が生じ、又は生じるおそれのある暴行を加えること)、②介護等放棄(高齢者を衰弱させるような著しい減食又は長時間の放置、養護者以外の同居人による①、③又は④に掲げる行為と同様の行為の放置等養護を著しく怠ること)、③心理的虐待(高齢者に対する著しい暴言又は著しく拒絶的な対応その他の高齢者に著しい心理的外傷を与える言動を行うこと)、④性的虐待(高齢者にわいせつな行為をすること又は高齢者をしてわいせつな行為をさせること)、⑤経済的虐待(養護者又は高齢者の親族が当該高齢者の財産を不当に処分すること)。

　高齢者虐待防止法の2章「養護者による高齢者虐待の防止、養護者に対する支援等」では、①高齢者及び養護者に対する相談、指導及び助言(第6条)、②虐待を受けたと思われる者を発見した場合の通報義務と努力義務(第7条)、③通報を受けた場合、通報者を特定させる情報漏洩の禁止(第8条)、④通報等を受けた場合の事実確認のための措置と、重大な危

険のある場合の高齢者の一時的保護（第9条）、⑤高齢者の居室の確保（第10条）、⑥生命又は身体に重大な危険が生じているおそれがある場合の立入調査（第11条）、⑦立入調査の際の警察署長に対する援助要請等（第12条）、⑧養護者による高齢者への面会の制限（第13条）、⑨養護者の負担軽減のための支援（第14条）、⑩専門的に従事する職員の確保（第15条）、⑪地域包括支援センター等との連携協力体制の整備（第16条）、⑫対応窓口および対応協力者の周知（第18条）などを規定し、これらの実施責任を市町村に求めている。ただし、高齢者虐待対応協力者のうち適当と認められる機関に、①や②、④、⑨の一部または全部を委託することも可能としている（第17条）。

　本法の最大の特徴は、高齢者のみならず養護者への支援を行うことを掲げている点である。だが、⑨養護者の負担軽減のための支援（第14条）として記載されているのは、「養護者に対する相談、指導及び助言」と、「養護の負担の軽減を図るため緊急の必要があると認める場合に高齢者が短期間養護を受けるために必要となる居室を確保する」ことのみである。このことは、高齢者虐待の主要な要因は介護負担や介護ストレス、という認識が、この法制定の前提にあったことを示唆している。

3. 高齢者虐待の実態

　高齢者虐待防止法制定後、厚生労働省老健局高齢者支援課認知症・虐待防止対策推進室は2006年度から「高齢者虐待の防止、高齢者の養護者に対する支援等に関する法律に基づく対応状況等に関する調査結果」[1]（以下、『全国調査』とする）を実施している。これをもとに、被虐待者や虐待者の状況等について見ていきたい。なお、この調査は、全国の市町村（特別区を含む）および47都道府県が集約している相談・通報件数、事実確認や対応を行った事例に関する情報を集約したものである[2]。

　相談・通報件数は、2006年度は18,390件、2007年度19,971件、2008年度21,629件、2009年度23,404件、2010年度25,315件と、徐々に増加してきている（図表序-1）。毎年度、相談・通報件数の9割以上について事実認定調査が行われ、その7割が虐待と判断されている。

　相談・通報者は、複数回答で集計されているが、毎年度、もっとも多いのが「介護支援専門員・介護保険事業所職員」で、次が「家族・親族」、「被虐待高齢者」の順となっている。警察からの件数は毎年度増えており、2009年度以降、市町村行政職員からの件数を上回っている。

　虐待と判断された事例について集計した結果のうち、虐待の種類・類型（複数回答）を見てみると、毎年度、件数の多い方から「身体的虐待」（6割強）、「心理的虐待」（4割弱）、「介護等放棄」（3割弱）と「経済的虐待」（3割弱）と続く。なお、複数回答で集計しているのは、1事例に対して、複数の虐待が行われているからである。

　1996年に臼井・津村ら（大阪老人虐待研究会）が全国の保健所、市町村保健センター、在

宅介護支援センター、訪問看護ステーション、高齢者総合相談センター、老人性痴呆疾患センター合計4,150機関の職員を対象に行った調査（大阪老人虐待研究会．1997）[3]では、「世話の放棄」（58.8％）がもっとも多く、次いで「身体的虐待」（47.2％）、「心理的虐待」（46.0％）であった。虐待の種類として「世話の放棄」が相対的に多いという結果は、田中らが行った1993年の調査でも同じであった[4]。ただし、田中ら高齢者処遇研究会の1998年の調査や[5]、多々良らの1998年の調査では[6]、「世話の放棄」と「身体的虐待」がほぼ同じ割合を示している。

調査方法が異なるので正確な比較はできないが、これらの結果から虐待種類の割合は、1990年代は「世話の放棄」が「身体的虐待」より多い、あるいは、同じ程度であったのに対し、2000年代は、「身体的虐待」が「介護等放棄」を上回るようになっていると言えそうだ。

被虐待高齢者の状況について見てみると、性別では「女性」が8割弱と圧倒的に多く、年齢では、「70-89歳」が多い。この傾向は毎年度変わっていない。「要介護認定済み」は毎年度7割弱となっている。要介護状態区分は年度によって若干異なるが、毎年度、「要介護1」から「要介護3」までで6割を占めている。認知症日常生活自立度は毎年度、「自立度Ⅱ」がもっとも多い。「自立度Ⅰ」から「自立度M」までを合わせると、2010年度は被虐待高齢者全体の57.9％になる。被虐待者の多くは認知症の高齢者である[7]。

同別居別に見ると、「虐待者との同居」が毎年度8割を超えている。世帯構成は、「未婚の子と同一世帯」がもっとも多く、次いで、「既婚の子と同一世帯」、「夫婦二人世帯」と続いている。「未婚の子との同一世帯」の割合は、2009年度37.6％、2010年度37.3％と4割近くになっている。2010年度の『国民生活基礎調査』（厚生労働省大臣官房統計情報部．2012）によれば、高齢者世帯類型の割合は、「親と未婚の子のみの世帯」18.5％、「三世代世帯」16.2％、「夫婦のみの世帯」29.9％、「単独世帯」24.2％であるから、「未婚の子との同一世帯」は虐待の発生率が相対的に高いと言える。

虐待者との続柄も毎年度、「息子」がもっとも多く、次いで「夫」、「娘」、「息子の配偶者（嫁）」という順になっている。2010年度では、「息子」が42.6％、「夫」16.9％、「娘」15.6％、「息子の配偶者（嫁）」7.2％であった。調査方法が異なるので、正確な比較はできないが、先にあげた臼井らの1996年の調査では、「息子の妻（嫁）」29.3％、「息子」22.1％、「娘」15.2％、「夫」14.1％、という結果であったから、1990年代からの10年間で「息子の妻（嫁）」の割合が減り、反対に「息子」の割合が増えてきたと言えそうだ。この傾向の背景には、要介護高齢者の主たる介護者として、「子の配偶者（嫁）」の割合が大きく減少し、「息子」の割合が徐々に増加してきたことをあげることができよう[8]。

虐待に至った理由については、『全国調査』では明らかにされていないので、医療経済研究機構が2003年に全国の在宅サービス事業所等の関係機関および全国の市区町村を対象に行った調査『家庭内における高齢者虐待に関する調査』をもとに見てみる（医療経済研究機構．2004）[9]。虐待発生の要因として影響があったと回答者が考えているのは、「虐待者の性格」（50.1％）、「高齢者本人と虐待者の人間関係」（48.0％）、「高齢者本人の性格や人

格」(38.5％)であった(複数回答)。他方、田中ら高齢者処遇研究会の1998年の調査では、虐待の要因としては、「介護疲れ・ストレス」(39.6％)がもっとも多く、次いで、「過去からの人間関係の不和」(35.2％)、「痴呆による行動障害」(17.6％)であった。これもまた、調査法が異なるので正確な比較はできないが、虐待の主要な要因として、「高齢者本人と虐待者との人間関係」は変わらず認識されているものの、2000年代には「介護疲れ・ストレス」の認識が弱くなり、代わって「虐待者の性格」が強く認識されるようになったと言える。

注

1) 本調査は、高齢者虐待への対応状況等を把握するために、全国の市区町村(特別区を含む)及び47都道府県を対象にして行われている。

2) 市町村や地域包括支援センター職員などの第一線で高齢者虐待に対応している職員の判断に基づいて情報が集約されるという側面がある。

3) 臼井キミカ・津村智恵子他大阪老人虐待研究会(1997)

4) 田中ら高齢者処遇研究会による調査は、全国の在宅介護支援センター400か所を対象として実施したもので、報告された虐待事例が受けた虐待の種類は、「世話の怠慢・放棄・拒否」(56.9％)、「身体的虐待」(38.9％)、「心理的虐待」(31.9％)、「経済的虐待」(15.3％)、「性的虐待」(2.1％)(複数回答)であった。

5) 田中らの高齢者処遇研究会が介護福祉士を対象に行った1998年の調査では、「世話の放棄」(57.1％)、「身体的虐待」(58.2％)であった。

6) 多々良らの調査は全国にある在宅介護支援センター、デイサービスセンターのうち無作為抽出法で選出した各1000か所(合計2000か所)を対象にアンケート調査を行っている(回収率は38.4％)。これによると、「世話の放任」(42.3％)、「身体的虐待」(40.4％)、「情緒的・心理的虐待」(29.9％)「金銭的・物質的搾取」(17.1％)、「性的虐待」(1.6％)となる(複数回答)。

7) 認知症はあるものの日常生活では自立している「自立度Ⅰ」を除き、「自立度Ⅱ」から「自立度M」までの割合を出しても47.1％と約半数を占める(厚生労働省. 2010)。

8) 津止正敏らは、1968年、1977年、1987年に全国社会福祉協議会が行った調査結果と、1998年、2001年、2004年の国民生活基礎調査の結果から、主たる介護者の続柄の推移についてグラフにしているが、それによると、1980年代までは「子の配偶者」が4割から5割であったのに、1998年以降は3割を切るようになっている。それに対し、「夫」や「息子」が徐々に増えてきている(津止他. 2007)。

9) 本調査は、在宅介護支援センターや居宅介護支援事業所などの在宅介護サービス事業所等の関係機関16,802か所への郵送調査による全国調査(機関調査)および全国の市区町村3,204か所への郵送調査による自治体調査を行っている。なお回収率は全国調査(機関調査)は全機関平均で39.9％、自治体調査は80.1％となっている。

図表 序-1　近年の高齢者虐待の実態

年度			2006 (H18)	2007 (H19)	2008 (H20)	2009 (H21)	2010 (H22)
相談・通報件数		件数	18,390	19,971	21,692	23,404	25,315
事実認定調査を行った事例数		件数	16,758	18,571	20,953	22,791	24,592
		構成割合（％）	91.1	92.5	95.7	96.0	96.5
虐待だと判断された事例数		件数	12,569	13,273	14,889	15,615	16,668
		構成割合（％）	75.0	71.5	71.1	68.5	67.8
相談・通報者（複数回答）	介護支援専門員・介護保険事業所職員	件数	7,558	8,417	9,493	10,346	10,985
		構成割合（％）	41.1	42.1	43.8	44.2	43.4
	近隣住民・知人	件数	1,004	1,102	1,167	1,318	1,395
		構成割合（％）	5.5	5.5	5.4	5.6	5.5
	民生委員	件数	1,684	1,701	1,758	1,856	1,687
		構成割合（％）	9.2	8.5	8.1	7.9	6.7
	被虐待高齢者本人	件数	2,231	2,514	2,559	2,728	2,713
		構成割合（％）	12.1	12.6	11.8	11.7	10.7
	家族・親族	件数	2,464	2,548	2,882	2,908	3,180
		構成割合（％）	13.4	12.8	13.3	12.4	12.6
	虐待者自身	件数	270	287	331	417	393
		構成割合（％）	1.5	1.4	1.5	1.8	1.6
	当該市町村行政職員	件数	1,306	1,518	1,692	1,679	1,806
		構成割合（％）	7.1	7.6	7.8	7.2	7.1
	警察	件数	1,247	1,415	1,470	1,734	2,122
		構成割合（％）	6.8	7.1	6.8	7.4	8.4
	その他	件数	1,839	2,058	1,938	2,041	2,468
		構成割合（％）	10.0	10.3	8.9	8.7	9.7
	不明	件数	229	144	176	113	132
		構成割合（％）	1.2	0.7	0.8	0.5	0.5
虐待の種別・類型（複数回答）	身体的虐待	件数	8,009	8,461	9,467	9,919	10,568
		構成割合（％）	63.7	63.7	63.6	63.5	63.4
	介護等放棄	件数	3,706	3,717	4,020	3,984	4,273
		構成割合（％）	29.5	28.0	27.0	25.5	25.6
	心理的虐待	件数	4,509	5,089	5,651	5,960	6,501
		構成割合（％）	35.9	38.3	38.0	38.2	39.0
	性的虐待	件数	78	96	116	96	94
		構成割合（％）	0.6	0.7	0.8	0.6	0.6
	経済的虐待	件数	3,401	3,426	3,828	4,072	4,245
		構成割合（％）	27.1	25.8	25.7	26.1	25.5
被虐待高齢者の状況	性別	男性 件数	2,946	3,073	3,382	3,625	4,035
		構成割合（％）	23.1	22.4	22.1	22.7	23.4
		女性 件数	9,799	10,626	11,899	12,371	13,176
		構成割合（％）	76.6	77.4	77.8	77.3	76.5
		不明 件数	42	28	12	6	2
		構成割合（％）	0.3	0.2	0.1	0.0	0.0
	年齢	65-69歳 件数	1,405	1,373	1,552	1,616	1,762
		構成割合（％）	11.0	10.0	10.1	10.1	10.2
		70-74歳 件数	4,674	2,159	2,390	2,458	2,607
		構成割合（％）	36.5	15.7	15.6	15.4	15.1
		75-79歳 件数		3,038	3,273	3,440	3,774
		構成割合（％）		22.1	21.4	21.5	21.9
		80-84歳 件数	5,109	3,234	3,676	3,834	3,998
		構成割合（％）	40.0	23.6	24.0	24.0	23.2
		85-89歳 件数		2,304	2,704	2,924	3,262
		構成割合（％）		16.8	17.7	18.3	19.0

序章　高齢者虐待の実態と対応の仕組み

図表 序-1　近年の高齢者虐待の実態（続き）

年度				2006 (H18)	2007 (H19)	2008 (H20)	2009 (H21)	2010 (H22)
被虐待高齢者の状況		90歳以上	件数	1,180	1,394	1,527	1,604	1,733
			構成割合（%）	9.2	10.2	10.0	10.0	10.1
		不明	件数	419	225	171	126	77
			構成割合（%）	3.3	1.7	1.1	0.8	0.4
	要介護認定済み被虐待高齢者		件数	8,677	9,496	10,434	10,972	11,754
			構成割合（%）	67.9	69.2	68.2	68.6	68.3
	要介護状態区分	要支援1	件数	608	709	741	850	806
			構成割合（%）	7.0	7.5	7.1	7.7	6.9
		要支援2	件数	680	910	1,032	1,019	1,056
			構成割合（%）	7.8	9.6	9.9	9.3	9.0
		要介護1	件数	1,826	1,705	1,978	2,151	2,364
			構成割合（%）	21.1	18.0	19.0	19.6	20.1
		要介護2	件数	1,506	1,784	2,030	2,244	2,541
			構成割合（%）	17.4	18.8	19.5	20.5	21.6
		要介護3	件数	1,730	2,016	2,248	2,180	2,280
			構成割合（%）	19.9	21.2	21.5	19.9	19.4
		要介護4	件数	1,268	1,409	1,534	1,549	1,678
			構成割合（%）	14.6	14.8	14.7	14.1	14.3
		要介護5	件数	790	837	825	929	1,010
			構成割合（%）	9.1	8.8	7.9	8.5	8.6
		不明	件数	269	126	46	50	19
			構成割合（%）	3.1	1.3	0.4	0.5	0.2
	認知症日常生活自立度	自立又は認知症なし	件数	1,535	1,517	1,640	1,642	1,603
			構成割合（%）	17.7	16.0	15.7	15.0	13.6
		自立度Ⅰ	件数	1,209	1,430	1,612	1,803	1,868
			構成割合（%）	13.9	15.1	15.4	16.4	15.9
		自立度Ⅱ	件数	1,879	2,346	2,906	3,186	3,580
			構成割合（%）	21.7	24.7	27.9	29.0	30.5
		自立度Ⅲ	件数	1,624	1,937	2,243	2,567	2,889
			構成割合（%）	18.7	20.4	21.5	23.4	24.7
		自立度Ⅳ	件数	671	694	807	857	920
			構成割合（%）	7.7	7.3	7.7	7.8	7.8
		自立度M	件数	148	166	247	222	254
			構成割合（%）	1.7	1.7	2.4	2.0	2.2
		自立度不明	件数	1,021	963	688	483	447
			構成割合（%）	11.8	10.1	6.6	4.4	3.8
		認知症の有無が不明	件数	590	443	291	212	183
			構成割合（%）	6.8	4.8	2.8	1.9	1.6
	同居・別居	虐待者と同居	件数	10,585	11,375	12,803	13,487	14,252
			構成割合（%）	84.2	85.7	86.0	86.4	85.5
		虐待者と別居	件数	1,402	1,547	1,820	1,928	2,194
			構成割合（%）	11.1	11.7	12.2	12.3	13.2
		その他	件数	259	228	185	178	186
			構成割合（%）	2.1	1.7	1.2	1.1	1.1
		不明	件数	323	123	81	22	36
			構成割合（%）	2.6	0.9	0.5	0.1	0.2
	世帯構成	単身世帯	件数	1,077	1,092	1,333	1,378	1,560
			構成割合（%）	8.6	8.2	9.0	8.8	9.4
		夫婦二人世帯	件数	1,952	2,274	2,730	2,890	3,036
			構成割合（%）	15.5	17.1	18.3	18.5	18.2

図表 序-1　近年の高齢者虐待の実態（続き）

		年度		2006 (H18)	2007 (H19)	2008 (H20)	2009 (H21)	2010 (H22)
被虐待高齢者の状況	世帯構成	未婚の子と同一世帯	件数	3,936	4,581	5,297	5,864	6,214
			構成割合（%）	31.3	34.5	35.6	37.6	37.3
		既婚の子と同一世帯	件数	3,497	3,862	4,083	4,153	4,406
			構成割合（%）	27.8	29.1	27.4	26.6	26.4
		その他	件数	1,198	1,269	1,304	1,307	1,351
			構成割合（%）	9.5	9.6	8.8	8.4	8.1
		不明	件数	909	195	142	23	101
			構成割合（%）	7.3	1.5	1.0	0.1	0.6
	虐待者の続柄	夫	件数	2,052	2,338	2,833	3,016	3,095
			構成割合（%）	14.7	15.8	17.3	17.7	16.9
		妻	件数	715	782	855	867	910
			構成割合（%）	5.1	4.9	5.2	5.1	5.0
		息子	件数	5,390	5,994	6,589	6,999	7,783
			構成割合（%）	38.5	40.6	40.2	41.0	42.6
		娘	件数	2,025	2,212	2,479	2,604	2,842
			構成割合（%）	14.5	15.0	15.1	15.2	15.6
		息子の配偶者（嫁）	件数	1,503	1,456	1,397	1,336	1,323
			構成割合（%）	10.7	9.9	8.5	7.8	7.2
		娘の配偶者（婿）	件数	348	332	349	353	376
			構成割合（%）	2.5	2.2	2.1	2.1	2.1
		兄弟姉妹	件数	279	271	348	322	344
			構成割合（%）	2.0	1.8	2.1	1.9	1.9
		孫	件数	625	661	756	750	783
			構成割合（%）	4.5	4.5	4.6	4.4	4.3
		その他	件数	672	688	729	797	788
			構成割合（%）	4.8	4.7	4.5	4.7	4.3
		不明	件数	374	96	39	33	22
			構成割合（%）	2.7	0.6	0.2	0.2	0.1

出典）厚生労働省老健局．2007．「平成18年度　高齢者虐待の防止、高齢者の養護者に対する支援等に関する法律に基づく対応状況等に関する調査結果（確定版）」．
厚生労働省老健局．2008．「平成19年度　高齢者虐待の防止、高齢者の養護者に対する支援等に関する法律に基づく対応状況等に関する調査結果」．
厚生労働省老健局．2009．「平成20年度　高齢者虐待の防止、高齢者の養護者に対する支援等に関する法律に基づく対応状況等に関する調査結果」．
厚生労働省老健局．2010．「平成21年度　高齢者虐待の防止、高齢者の養護者に対する支援等に関する法律に基づく対応状況等に関する調査結果」．
厚生労働省老健局．2011．「平成22年度　高齢者虐待の防止、高齢者の養護者に対する支援等に関する法律に基づく対応状況等に関する調査結果」．

2節　高齢者虐待対応の仕組み

1. 高齢者虐待防止法が求める仕組み

　高齢者虐待防止法は市町村に虐待防止対応策の整備を求めているが、それらの業務の一部を他機関に委託できることは先に述べた。その委託先としてあげられているのが地域包括支援センター(以下地域包括と略す)である。地域包括とは、介護保険法によって各市町村に設置されている直営、または民間法人への委託により運営されている施設で、①総合相談支援業務、②権利擁護業務、③包括的継続的ケアマネジメント業務、④介護予防ケアマネジメント業務を主要な事業として行う機関である。

　市町村には、「高齢者虐待防止ネットワーク」の構築も求められており、地域包括と連携してこのネットワークを構築する。この「高齢者虐待防止ネットワーク」は、厚生労働省老健局によると「早期発見・見守りネットワーク」、「保健医療福祉サービス介入ネットワーク」、「関係専門機関介入支援ネットワーク」という3つのネットワークによって構成される(図表 序-2)。

　「早期発見・見守りネットワーク」には、虐待の防止、早期発見、見守り機能が期待されている。また、地域社会から孤立しがちな高齢者や家族に対して民生委員や近隣住民が関わりながら見守りを行うことも期待されている。構成メンバーは民生委員、近隣住民の他、社会福祉協議会や老人クラブ、NPO・ボランティア団体などが想定されている。

　「保健医療福祉サービス介入ネットワーク」には、発生している高齢者虐待事例に対し、チームで事例の検討や具体的な支援を行っていくことが期待されている。市町村、地域包括以外の構成メンバーには居宅介護支援事業所、介護サービス事業所などが想定されている。

　「関係専門機関介入支援ネットワーク」には、「保健医療福祉サービス介入ネットワーク」だけでは対応がむずかしい事例に対して、関連する専門機関として支援することが期待されている。構成メンバーには医療機関や警察、権利擁護団体、消費者センターなどが想定されている。

　以上のように、高齢者虐待への対応では、市町村と地域包括に、さまざまな関係機関とのネットワークを構築していくことが求められている。

図表 序-2　高齢者虐待防止ネットワーク構築の例

出典）厚生労働省老健局 , 2006,「市町村・都道府県における高齢者虐待への対応と養護者支援について」, p.19.

2. 仕組みの実際

　では、このような高齢者虐待対応への仕組みは、実際にどの程度整備されているのだろうか。先にも見た『全国調査』をもとに確認していきたい。

　市町村での整備状況を見てみると、「対応窓口となる部局の設置」は、2007年度でほぼすべての市町村で実施されている。そのためか2008年度以降は集計項目となっていない。また「対応窓口部局の住民への周知」は、2006年度には20％に満たなかったが、それ以降の年度では80％以上の市町村で実施されている。また、「地域包括支援センター等の関係者への研修」や「講演会や広報誌等による住民への啓発活動」、「居宅サービス事業者に法についての周知」などについても2006年度には10％に満たなかったが、2008年度以降、およそ70％の市町村で実施されている。また2009年度以降に追加された「虐待を行った養護者に対する相談、指導または助言」、「必要な福祉サービス及び保健医療サービスを利用していない高齢者の早期発見の取組や相談等」は、70％以上の市町村で実施されている。

　しかし、「独自の対応マニュアル、業務指針の作成」、「『保健医療福祉サービス介入ネットワーク』の構築への取組」、「『関係専門機関介入支援ネットワーク』の構築への取組」、「法に定める警察署長に対する援助要請等に関する警察署担当者との協議」、「老人福祉法による措置に必要な居室確保のための関係機関との調整」は、2010年度でもなお、40％から50％台にとどまっている。その理由として、自治体によっては整備する必要性がないと認識されているということが考えられる。必要性がない理由としては、自治体の規模が小さく日頃より関係機関との連携がとれているため、別建てで体制を構築する必要がないからではないか。

　以上、『全国調査』の結果をもとに高齢者虐待防止の取組整備状況を見てきたが、防止体

制が整備されても、それらがすべてうまく機能しているとは限らない。たとえば、「保健医療福祉サービス介入ネットワーク」というのは、多機関・多職種によって編成されるチームによって虐待事例に介入していく体制のことであるが、機関や職種が異なれば権限や立場、役割が異なる。また、必要に応じてチームを組むという限定的な関わりである。そのため、連携・協働がなかなかうまくいかないおそれがある（副田.2010）。しかし、互いの違いを理解したうえで共通目標に向かうことができるようになれば、連携・協働が円滑にいく可

図表 序-3　市町村における高齢者虐待防止体制の整備状況

年度		2006 (H18)	2007 (H19)	2008 (H20)	2009 (H21)	2010 (H22)
市町村数	件数	1,829	1,816	1,800	1,750	1,745
対応窓口となる部局の設置	件数	737	1,814	—	—	—
	構成割合(%)	40.3	99.9	—	—	—
対応窓口部局の住民への周知	件数	286	1,789	1,534	1,486	1,445
	構成割合(%)	15.7	98.5	85.2	84.9	82.8
独自の対応マニュアル、業務指針等の作成	件数	81	725	832	944	995
	構成割合(%)	4.4	39.9	46.2	53.9	57.0
地域包括支援センター等の関係者への研修	件数	174	1,176	1,323	1,330	1,327
	構成割合(%)	9.5	64.8	73.5	76.0	76.0
講演会や広報誌等による住民への啓発活動	件数	143	1,211	1,235	1,200	1,139
	構成割合(%)	7.8	66.7	68.6	68.6	65.3
居宅介護サービス事業者に法について周知	件数	142	1,243	1,286	1,241	1,195
	構成割合(%)	7.8	68.4	71.4	70.9	68.5
介護保健施設に法についての周知	件数	111	1,104	1,147	1,100	1,062
	構成割合(%)	6.1	60.8	63.7	62.9	60.9
「早期発見・見守りネットワーク」の構築への取組	件数	330	997	1,118	1,173	1,223
	構成割合(%)	18.0	54.9	62.1	67.0	70.1
「保健医療福祉サービス介入ネットワーク」の構築への取組	件数	154	699	793	856	874
	構成割合(%)	8.4	38.5	41.1	48.9	50.1
「関係専門機関介入支援ネットワーク」の構築への取組	件数	104	677	739	809	840
	構成割合(%)	5.7	37.3	41.1	46.2	48.1
成年後見制度の市区町村申立への体制強化	件数	391	1,116	1,155	1,197	1,204
	構成割合(%)	21.4	61.5	64.2	68.4	69.0
法に定める警察署長に対する援助要請等に関する警察担当者との協議	件数	102	946	898	945	969
	構成割合(%)	5.6	52.1	49.9	54.0	55.5
老人福祉法による措置に必要な居室確保のための関係機関との調整	件数	374	821	981	1,014	1,027
	構成割合(%)	20.4	45.2	54.5	57.9	58.9
虐待を行った養護者に対する相談、指導または助言	件数	—	—	—	1,322	1,339
	構成割合(%)	—	—	—	75.5	76.7
必要な福祉サービス及び保健医療サービスを利用していない高齢者の早期発見の取組や相談等	件数	—	—	—	1,309	1,309
	構成割合(%)	—	—	—	74.8	74.8

出典）厚生労働省老健局.2007.「平成18年度　高齢者虐待の防止、高齢者の養護者に対する支援等に関する法律に基づく対応状況等に関する調査結果（確定版）」.
厚生労働省老健局.2008.「平成19年度　高齢者虐待の防止、高齢者の養護者に対する支援等に関する法律に基づく対応状況等に関する調査結果」.
厚生労働省老健局.2009.「平成20年度　高齢者虐待の防止、高齢者の養護者に対する支援等に関する法律に基づく対応状況等に関する調査結果」.
厚生労働省老健局.2010.「平成21年度　高齢者虐待の防止、高齢者の養護者に対する支援等に関する法律に基づく対応状況等に関する調査結果」.
厚生労働省老健局.2011.「平成22年度　高齢者虐待の防止、高齢者の養護者に対する支援等に関する法律に基づく対応状況等に関する調査結果」.

能性が出てくる。そのためには、関係機関の職員を対象とした、ロールプレイを取り入れたワークショップ型の虐待防止の合同研修を積み重ねることも有効と考えられる（小川・副田他．2010）。他の取り組みについても、市町村はうまく機能しているかどうかを点検し、必要に応じて改善の努力をしていくことが求められている。高齢者虐待を早期に発見し早期に対応していくために、また、対応のむずかしい虐待事例に個々の援助職が適切に対処していくために、こうした防止体制の整備と機能発揮は不可欠である。

[引用・参考文献]

Decalmer, P. and Glendenning, F.. 1993. Mistreatment of Elder abuse. Sage Publications Ltd.（田端光美・杉岡直人監訳．1998.『高齢者虐待―発見・予防のために』．ミネルヴァ書房）
医療経済研究機構．2004.『家庭内における高齢者虐待に関する調査』．
金子善彦．1987.『老人虐待』．星和書房
高齢者処遇研究会（代表：田中荘司）．1995.『高齢者の施設における人間関係の調整に関わる総合的研究』．
高齢者処遇研究会（代表：田中荘司）．1998.『在宅・施設における高齢者及び障害者の虐待に関する意識と実態調査』．
厚生労働省大臣官房統計情報部編．2012.『平成22年　国民生活基礎調査　第1巻』．厚生労働統計協会
厚生労働省老健局．2006.「市町村・都道府県における高齢者虐待への対応と養護者支援について」．http://www.mhlw.go.jp/topics/kaigo/boushi/060424/index.html.
厚生労働省老健局．2007.「平成18年度　高齢者虐待の防止、高齢者の養護者に対する支援等に関する調査結果（確定版）」．http://www.mhlw.go.jp/houdou/2007/12/h1219-1.html.
厚生労働省老健局．2008.「平成19年度　高齢者虐待の防止、高齢者の養護者に対する支援等に関する調査結果」．http://www.mhlw.go.jp/houdou/2008/10/h1006-1.html.
厚生労働省老健局．2009.「平成20年度　高齢者虐待の防止、高齢者の養護者に対する支援等に関する調査結果」．http://www.mhlw.go.jp/stf/houdou/2r98520000002mce.html.
厚生労働省老健局．2010.「平成21年度　高齢者虐待の防止、高齢者の養護者に対する支援等に関する調査結果」．http://www.mhlw.go.jp/stf/houdou/2r9852000000vhb9.html.
厚生労働省老健局．2011.「平成22年度　高齢者虐待の防止、高齢者の養護者に対する支援等に関する調査結果」．http://www.mhlw.go.jp/stf/houdou/2r9852000001wdhq.html.
寝たきり予防研究会．2002.『高齢者虐待―専門職が出会った虐待・放任』．北大路書房
日本高齢者虐待防止センター（高齢者処遇研究会）．2006.『高齢者虐待防止トレーニングブック―発見・援助から予防まで』．中央法規
副田あけみ．2008.「高齢者虐待とソーシャルワーク」．『ソーシャルワーク研究』34（2），pp.4–14
副田あけみ．2010.「高齢者虐待防止―対応の仕組みと実践」．『ジュリスト』1411, pp.122–127
小川孔美・副田あけみ・梅崎薫・荻原清子．2010.「市町村による『委託地域包括の高齢者虐待防止ネットワーク構築』支援」．『高齢者虐待防止研究』6（1），pp.63–70
多々良紀夫編著．2001.『高齢者虐待―日本の現状と課題』．中央法規
津止正敏・斎藤真緒．2007『男性介護者白書――家族介護者支援への提言――』．かもがわ出版 p.37
東京医科歯科大学医学部保健衛生学科老人虐待プロジェクト（代表：高崎絹子）．1996.『老人虐待と支援に関する研究（2）』
臼井キミカ・津村智恵子他大阪老人虐待研究会．1997.『全国における在宅高齢者虐待の実態』

高齢者虐待への介入アプローチ──安心づくり安全探しアプローチ(AAA)──

1章 高齢者虐待に関する研究

1節 高齢者虐待研究の動向

　わが国では、1980年代後半まで高齢者虐待に関する研究はほとんど見られなかった。最初の高齢者虐待に関する著書を刊行したのは金子で、家庭内における虐待事例と虐待に至るプロセスを論じた（金子.1987）。同年には、太田が高齢者虐待の事例からケアの質を問いただしている（太田.1987）。1990年代に入ると、杉井が構築主義（constructionismまたはconstructivism）[1)]の立場から高齢者虐待の社会問題化のプロセスを分析している（杉井.1995a, b）。だが、1990年代半ばまで、こうした先駆的な研究が見られた他は高齢者虐待に関する研究は乏しく、高齢者虐待に対する社会的な関心も希薄であった。1990年代後半から2000年代になると、高齢者虐待に関する実態調査や、それをもとにした虐待関連要因の分析、制度・政策への提言、また、海外における実践の報告など、多くの研究や報告がなされるようになった。

　本節ではそのなかから、本研究と関わりの深い2つのテーマ、近年増加している息子や夫による虐待、すなわち男性加害者に関する研究と、援助職の対応における困難感に関する研究を取り上げる。

1. 男性加害者に関する研究

　近年増えてきた息子による虐待や、息子に次いで多い夫による虐待に焦点を当てた研究を見ていく。

　春日は、1990年代に実施された高齢者虐待調査の結果から近年の調査結果までを検討し、高齢者虐待防止法に含まれている「養護者支援」が、本当に必要かどうか批判的に論じている。法律には「養護者支援」の文言があるが、近年の調査結果は、法が想定しているような、介護する「養護者」による虐待ではない、つまり、実際には介護をしていない家族、とりわけ単身息子からの虐待の増加を示している。この点は、現実と法律の間の齟齬を示している（春日.2008a）。

　また春日は、もう1つの文献で、実子、とりわけ息子による虐待が多くなってから、援助職等は虐待の起こる理由を「『虐待者の人格・性格』『当事者間の人間関係』といった『個々

19

のパーソナリティの未熟さ』に帰属させる方向に変化している」と批判している。むしろ、このような状況に陥ってしまう「家族構造的要因とは何かを、個々人が置かれた状況に即して事実を読み解く作業こそが『虐待防止』『養護者支援』を考える上でも必要」（春日．2008b）だと述べて、息子たちが置かれた状況の家族構造、社会構造的理解の必要性を強調している。

　大島は、息子がなぜ虐待を起こしてしまうのか、虐待に関わる要因を明らかにするために、親子関係が不良で介入が困難な事例、息子から介入拒否があった事例、分離に至った事例を、同居・経済・親子関係の3つの側面について分析している。その結果、息子を虐待に陥りやすくさせる要因として、同居という側面に関しては、①介護知識・介護技術の不足による介護負担の重さ、②協力者がいないことによる役割分担者の不在、③地域や親族からの過度な役割期待による重圧を、経済面に関しては、①養護者の経済的ゆとりのなさ、②親の子に対する金銭提供の考え方を、親子関係の側面については、①依存関係、②親子関係の悪さを指摘している（大島．2010）。

　羽根は、介護殺人事件[2]に焦点を当て、男性介護者が加害者となってしまうのはなぜか、その要因について新聞記事の分析をもとに検討している。羽根によれば、夫も息子も、互酬性の規範によって介護に対する動機づけをもつものの、ジェンダー規範に縛られて弱音を吐けず周りに相談できない状況に陥っている。また、男性介護者というだけで周囲から高い評価を受けることも介護に打ち込ませる要因となり、結果として、義務感から過度に介護に打ち込んでしまうという「介護ホリック」に陥っている。この「介護ホリック」が介護殺人の背景要因にあると羽根は指摘している（羽根．2006）。

　水島は、アンダーソンとブッシュマンが提案したGeneral Aggression Model（GAM）を用いて、男性家族介護者が高齢者虐待を引き起こすメカニズムのパターンを明らかにすることを試みている。GAMとは、人が相手を攻撃するに至るまでを示した次のようなモデルである。「個人要因」と「状況要因」は、「認知」「感情」「覚醒」から成る「内的状態」に影響を与える。出来事を不快に感じれば、攻撃的な思考や敵意が生まれ、血圧や心拍数も上昇するが、こうした「内的状態」の変化と同時に攻撃行動を起こす場合は、「即時的評価」によって「衝動的攻撃」が導かれ、「内的状態」の変化を吟味するための時間や認知的資源があれば、「再評価」によって「戦略的攻撃」が導かれる。

　水島はこのモデルにジェンダーの視点を加えながら分析を行っている。つまり、男性は、「個人要因」として「攻撃性や支配的な立場に立とうとする傾向」をもち、「状況要因」として、①家事や介護スキルの乏しさ、②入浴介助や排泄介助等の身体接触を伴う行為の困難さ、③家族等にも悩みを打ち明けにくい傾向、をもつ。こうした要因が重なる結果、余裕を失ってしまった男性介護者は「即時的評価」を介して「衝動的攻撃」を行いがちとなる。一方、長期間の介護を行い家事や介護に慣れた男性介護者は、「再評価」を介して、介護の成果を追求し、自分が正しいと思うことに相手を従わせるような、「戦略的攻撃」を行う可能性がある（水島．2011）。

　男性介護者に関するこれらの研究は、虐待をもたらす要因を「個々のパーソナリティの未

熟さ」ではなく、男性に対する強固なジェンダー規範の存在ゆえに男性が抱えてしまう諸困難に求めている。ただし、春日の指摘する、介護をしていない息子による虐待の要因については検討していない。また、息子と夫の虐待要因の違いについても論じていない。なお、渡部は、英米および日本における高齢者虐待の言説を分析し、男性が虐待者で女性が被虐待者という言説が広く構築されてしまっているが、女性が加害者となる虐待や同性同士の虐待も存在しており、これらを見落とさないようにすべきと主張している（渡部. 2010）。男性加害者の問題に焦点を当てることは、女性による虐待の問題や同性による虐待を軽視することではないことは言うまでもないが、虐待の多くは男性による女性への社会的行為であることはまちがいない。

2. 援助職の対応における困難感の研究

次に、高齢者虐待事例に対応していく援助職の困難感について調べた研究を見る。

表らは、介護支援専門員が高齢者虐待対応において感じている困難について、インタビュー調査を複数行い、得られたデータをグラウンデッド・セオリー・アプローチ[3]を用いて分析している。まず、最初に実施したのは、介護職を基礎職にもつ介護支援専門員12名に対し、高齢者虐待を認識する場面でどのような困難を感じているのかを尋ねたインタビュー調査である。その結果、彼らが虐待を認識する場面に感じる困難としては、介護者の拒否などにより要介護者の姿を確認できないこと、家族が一生懸命介護しているので虐待と認めることに抵抗感があること、虐待か否かを判断しないまま自分でできる範囲で対処を試みること、虐待から派生する健康問題の予測に限界があること、などであった（Omote et al.. 2005）。

次の調査では、同じく介護職を基礎職にもつ介護支援専門員21名に対して、高齢者虐待への介入を行う場面での困難についてインタビューしている。その結果、介入を行う場面での困難感は、自分が攻撃されるかもしれないという不安から生じる虐待者と対峙することの怖さや、自分が訪問を歓迎されていないという感覚、介入によって家族関係に波風を立ててしまうことの不安、さらに、虐待の根底にある家族関係への介入のむずかしさ、などであった。これらの意識の根底に共通しているのは、介護支援専門員がもっている理念では太刀打ちできない虐待者への無力感であった（Omote et al.. 2006）。

看護師を基礎職にもつ介護支援専門員18名に対して、高齢者虐待事例のケアマネジメントにおける困難感を尋ねた調査結果では、介護支援専門員として虐待の核心に触れることができない、虐待者のバリアによって気持ちが萎える、といった無力感が見出された。だが他方で、介護支援専門員らは、自分たちの役割は「被虐待高齢者の尊厳を回復する」ことであるという前向きの意識をもっており、虐待者が受け入れるプランをつくらざるを得ないという苦痛を感じながらも、サービス調整によって被虐待高齢者の命を守ることができるというプライドも感じていた。また、彼らは介護者を虐待者と認めることへの抵抗感をもっ

ており、虐待事例の家族調整には深入りできないという認識をもっていた（表・佐伯他．2010）。

　以上の研究は介護支援専門員を対象としたものであったが、佐々木らは、高齢者虐待の予防・早期発見において保健師の果たす役割と対応上の困難を明らかにすることを目的として、行政機関で働く保健師を対象にグループインタビューを行っている。得られたデータをコード化し、カテゴリー、サブ・カテゴリーを作成するという方法で質的に分析を行った結果、保健師が虐待に対応するときの困難として、事実確認の困難、介入時期の判断や介入拒否時の対応などの介入方法に関する困難、また、医療機関との連携の困難をあげている。これらの解決のためには、高齢者虐待判断の根拠の明確化と情報共有、住民や関係者・専門家・医療機関との連携の強化とスーパーバイザーの支援を受けられる体制づくりが重要と指摘している（佐々木他．2009）。

　大越らは、地域包括と居宅介護支援事業所の看護職、介護支援専門員、社会福祉士を対象に、虐待事例への対応に困難を感じている要因を明らかにするために自記式郵送調査を行っている。自由記述欄「虐待対応で困っていること」に回答のあった209の記述内容を、佐々木らと同様の方法で質的に分析した結果、虐待対応に困難を感じる要因としては、虐待判断のしにくさ、虐待者との危うい関係、自信がもてない対応、機能しない援助体制、介入するには重すぎる現状、精神的負担が見られた（大越他．2010）。

　藤江も、ある県の地域包括の主任介護支援専門員、保健師、社会福祉士を対象とした自記式郵送調査（全数調査）を行い、高齢者虐待に対応する援助者の困難感、虐待者・被虐待者に対する感情、虐待についての認識等を尋ねている（有効回答は83か所の機関182人、有効回答率30.5％）。SPSSを用いた計量的分析の結果、高齢者虐待への対応で困難を感じている者が3職種とも約9割と、ほぼすべての回答者が虐待対応の際に困難を感じていた。ただし、「過去の経験を活かして積極的に関われる」など、困難な経験を次の虐待対応時に活かしている者も4割いた。虐待者への感情については、虐待者をやさしいと思うなどの「接近感情」よりも、怖いと思うなどの「回避感情」のほうが高かった。被虐待者への感情では「接近感情」と「回避感情」の両者が拮抗していた。また、虐待者や被虐待者に介入を拒否されたときには、自分の援助技術では対応できないと認識している援助職が約7割、関わりたくないと思っている専門職が約4割もいた（藤江．2009）。

　最後に、野村によるセルフ・ネグレクトへの援助困難について調査した結果に触れておこう。これは、地域包括、居宅介護支援事業所、権利擁護センター所属の社会福祉士、主任介護支援専門員、保健師および看護職、介護支援専門員を対象に高齢者のセルフ・ネグレクトに関する事例を収集し分析したものである。セルフ・ネグレクトへの援助困難の根源には本人の拒否があり、援助職は「本人の生活と生命の保証」と「本人の自己決定の尊重」という、相容れない矛盾した構造のなかでのジレンマ」にあると指摘している（野村．2008）。

　以上、高齢者虐待に対応する援助職の困難感に関する研究を見てきた。高齢者虐待に対応していく援助職は、その職種の如何にかかわらず、いろいろな場面で多様な困難を感じていることがわかる。これらの調査結果から、その困難感を生み出す原因の1つが、虐待者によ

る面接や介入の拒否であると言うことができる。虐待者が援助職の訪問に対し拒否的態度をとることにより、援助職は高齢者の状況をなかなか確認できないというもどかしさや、自分の訪問が歓迎されていないという居心地の悪さ、対処意欲の萎え、対応方法がわからない、といった困難を感じている。また、そうした虐待者の態度は、援助職に虐待者に対峙することの怖さや危険性を感じさせ、回避感情をももたらしている。虐待要因の1つに不良な家族関係があることも、援助職に対応の困難さを感じさせている。家族関係の悪さ、複雑さは、援助職に家族関係調整のむずかしさ、問題の大きさを感じさせ、無力感や対処意欲の喪失をもたらしている。

　援助職の職業特性や関係機関の連携・協働体制の問題も困難を感じさせる要因である。家庭を定期的に訪問し家族生活を間近に見ることの多い介護支援専門員等の援助職は、家族はそれなりに介護をしており、家族が虐待をしているとは認めたくないという心理が働きがちとなる。こうした心の動きは、虐待判断を保留したままなんとか対処しようとし、結局、困難を感じてしまうという事態をもたらしやすい。また、援助職を支援するはずの関係機関が支援や協力に応じないなど、連携体制がうまく機能していないことも、援助職に対応困難を感じさせてしまう。

　援助職の困難感を生み出す要因のうち、虐待者の拒否的態度や虐待者と被虐待者との家族関係を、援助職の力で直接変化させることはできない。人は他人を変えられない。変えることができるのは、援助職自身の考え方や認識方法、対応技術と、援助職を支援するための体制、つまり、地域資源を含む関係緒機関との連携・協働の機能的ネットワークの整備や、スーパービジョン、ケースカンファレンス等の体制である。援助職が虐待者の拒否的態度や家族関係等で対応の困難を感じたとしても、無力感や回避感情をもつのではなく、対処意欲をもち続けることができるようなミクロな視点からの支援と、関係機関による協働体制の整備などマクロな視点からの支援をともに実施していくことが求められる。

→ 注

1) 構築主義とは、KitsuseとSpectorによって提唱された社会問題研究のアプローチ方法である（Spector and Kitsuse 1977＝1990）。研究対象を所与の実在する「もの」とはみなさず、人々の社会的な営みによって構成されたものだと見て、「クレイム申し立て」（要請、要求、主張等）と呼ぶ人々の行いに注目して「社会問題」という現象の同定の基準にしようというものである（詳しくは中河．1999）。

2) 介護殺人事件と高齢者虐待とは異なるという指摘（加藤．2005）もあるが、ここで羽根が指摘していることは高齢者虐待についても十分に起こり得ることであるため、扱っている。

3) グラウンデッド・セオリー・アプローチとは、GlaserとStrauss（1967＝1998）によって提唱された理論で、インタビュー調査や参与観察等で得られたデータをもとに行う質的分析の方法の1つである。この分析方法によって生成される理論の特徴は、①データに密着した分析から独自の説明概念を作ること、②継続的比較分析法によって生成されること、③社会的相互作用に関係し、人間行動の説明と予測に有効であって、研究者によってその意義が明確に確認されている研究テーマによって限定された範囲内における説明力に優れていること、④他者との相互作用の変化を説明できる動的説明理論であること、⑤実践的活用を促すことである（詳しくは木下．2003）。

2節 高齢者虐待に対する実践モデル

1. 実践モデル

　前節で、高齢者虐待に対応する援助職をミクロレベルとマクロレベルで支援していく必要性が確認された。本節では、ミクロレベルの支援を考えていくうえで必要となる、虐待事例への実践モデル研究に焦点を当てる。ここでいう実践モデルとは、高齢者虐待を把握・理解する一定の視点をもち、その把握・理解に基づいた一定の対応法を指す。対応法には、被虐待者や虐待者への面接法や諸サービスの活用法などがある。

　結城らは、2002年1月から2007年12月までに医学中央雑誌Web版に掲載された、わが国の高齢者虐待に関する研究報告をレビューしている(結城. 2010)。そのまとめによると、この間の研究報告の大半は実態調査と虐待要因の分析に関するものであって、実践モデルに関する研究は乏しい。その乏しい実践モデルに関する研究のなかに、介入モデルの開発を行ったとする難波らの研究がある。

　難波らは、介護者と被介護高齢者間の共依存関係が引き起こす虐待への介入モデルの開発を目的とし、こうした関係をもつ10事例に関与する訪問看護師7名のインタビューと、それらの事例への参加観察を行っている。得られた質的データから、介護者の介護パターンと被介護高齢者の特徴、また、訪問看護師の不適切な対応と適切な介入行動とを抽出し、その結果をもとに、適切な介護へと導くための12の「効果的な介入条件」を提示している。その12条件とは、援助職の望ましい態度やクライエント理解、主介護者に対するチェックリストをもとにした共依存傾向の確認、主介護者の見捨てられ感や被介護高齢者の無力感といった感情の受容、他の専門職との十分な連携、などである（難波他. 2006)。

　これらの条件を虐待事例把握・理解の視点、それに基づく一定の対応法として整理しなおせば、共依存介入モデルと言えるだろうが、残念ながら論文では、「適切な介入」の諸「条件」の提示にとどまっている。

　実践モデルについて先行研究のあるアメリカに目を転じると、虐待の捉え方の違い等に基づくネレンバーグの実践モデルの説明が目につく。これを概観したうえで、それぞれのモデルがわが国の高齢者虐待対応に活用可能かどうか考察してみよう。

　ネレンバーグ自身は、実践モデルという言葉に代えてサービス・モデルの用語を用いている。彼女によると、高齢者虐待に対するサービス・モデルには、①成人保護サービス・モデル、②ドメスティックバイオレンス・モデル、③保健モデル、④被害者アドボカシー・モデル、⑤修復的司法モデル、⑥無効化理論モデル、⑦家族介護者支援モデル、⑧家族保全モデル、がある（Nerenberg. 2008)。各モデルをわかりやすく説明すると次のようになる。

① 成人保護サービス・モデル：自ら保護を求めない、あるいは、認知症患者などで保護を求めることができず、自分自身を危険から守ることが困難な「傷つきやすい人々（vulnerable people）」が虐待にあいやすい。よってこれらの人々の保護を優先し、状況が保護の要件を満たしているかどうか、リスクアセスメントを行う。虐待と判断すれば、保護措置をとるか、在宅サービスの提供もしくはサービス機関へのリファーを行う。虐待を犯罪行為とみなした場合には警察に通報する。

② ドメスティックバイオレンス・モデル：虐待の被害者をドメスティックバイオレンス（以下、DVと略す）のサバイバーとみなし、シェルターの利用、加害者の接近禁止命令などの法的措置をとる。他方で、サポートグループによるコンシャスネス・レイジングや相互支援・相互学習、ピアカウンセリング等を通したエンパワメントを図る。

③ 保健モデル：リスクの高い家族において虐待が生じるという見方に立つ。定量的調査によって明らかとなった虐待のリスク要因をもとに、ハイリスク家族、たとえば、アルコール依存症や薬物乱用の息子と暮らしているような高齢者に対しては、息子が家を出て暮らせるような方法をみつけるよう、面接を通して高齢者を支援する、介護負担感の強い介護者にはレスパイトやサポートグループ等のサービス提供を行うなどの対応をとる。医師には、二次予防として、虐待やネグレクト体験を聞く質問票を用いたスクリーニングを行ってもらう。

④ 被害者アドボカシー・モデル：虐待の被害者を犯罪の犠牲者とみなし、被害者学で明らかになった暴力の世代連鎖といった知識や、経済的補償、カウンセリング、PTSDの治療等の被害者支援制度を応用して支援する。

⑤ 修復的司法モデル：虐待を犯罪としてより人々の関係の侵害とみなし、被害者と虐待者との関係修復とリスクコントロールによって解決を目指す。専門的訓練を受けたファシリテーターが、安全な場で、虐待の犠牲者と加害者が相互に質問し合って対話していくよう促し、関係修復を図る。

⑥ 無効化理論モデル：高齢者虐待の加害者は発見されにくいため、捕まったり罰せられたりすることがあまりない。そのため、彼らは逮捕される危険性が低いことを学び、虐待行為の正当化や合理化の技術（行為責任や危害の否定、被害者の否定、被害者への非難など）を利用し続ける。加害者の言行をこうした無効化技法として理解し、面接においてそれぞれの技法に応じた対応を行う。

⑦ 家族介護者支援モデル：虐待は家族介護者の介護負担から生じるという理解に基づき、介護負担軽減を図るためレスパイト、デイサービス等のサービスを活用して虐待の発生予防や再発防止を図る。また、介護者サポートグループを活用し、情緒的な相互支援や困難行動への対処法等の学習を促す。また、カウンセリングを目的とした面接によって家族介護者のストレングス（強み）を引き出したり、ストレス対処法を発見できるよう支援し、要介護者と介護者との否定的関係の緩和や修正を図る。

⑧ 家族保全モデル：虐待者と被虐待者を分離せず、家族に対しインフォーマルサービ

スを含む諸サービスを柔軟に、短期集中的に導入する。面接を通して、家族のもっているストレングスや家族が果たしてきた役割を承認するとともに、家族のストレスマネジメントのスキル向上を支援する。

ネレンバーグによると、これらの実践モデルは実際に活用されていたり、活用可能性のあるものだが、以下のような課題もある。

①成人保護サービス・モデルは、1975年の社会保障法タイトルXXによって、成人のためのアドボカシーとサービス提供の実施を目指して創設された「APS：Adult Protection Service（成人保護サービス）」のモデルであるが、危機介入重視のため、トリアージュ（対象者の優先度決定）を行って危険性の高い人、支援ニーズの大きい人のみに対応、その他のニーズをもつ多くの人々を支援できないおそれをもつ。

②ドメスティックバイオレンス・モデルは、2001年の女性への暴力防止法改正によって、虐待される女性高齢者もその支援対象に含められたことにより、活用できるようになった。成人保護モデルの対象とならない女性被害者のシェルターの利用や、州によっては成人子への拘束命令の適用なども可能な場合はあるが、それは親族以外の介護者には適用できない。

③保健モデルは、虐待につながるハイリスク家族の早期発見、早期介入こそが虐待防止にとってもっとも重要という、児童虐待防止で言われている考えに基づくものであるが、こうした方法が効果的かどうかについて、一定の結果が出ていない。財政的資源に余裕がない場合には緊急対応が優先され、この二次予防の実践モデルは後回しにされるおそれがある。

④被害者アドボカシー・モデルは、1984年の犯罪被害者法や1997年の被害者権利説明法等による制度・サービスの活用を図るものであるが、活用のためには被害者は警察に虐待行為を犯罪として通報し、その調査に協力しなければならない。多くの高齢被害者は、夫や息子／娘を犯人扱いしたくはなく、警官も通報として扱いたがらない傾向がある。また、経済的虐待の高齢被害者は、これらの制度の対象となっていない。

⑤修復的司法モデルは、児童虐待防止の分野で家族グループカンファレンスとして活用されているモデルである。DV防止の運動家たちが言うように、高齢者虐待においても両者の間にパワーインバランス（力の不均衡）があるため調停は不可能で、犠牲者にとって危険性があるという点は否定できない。ただし、女性高齢者は家族を犯罪者扱いしたがらないので、このモデルの適用価値はないわけではない。

⑥無効化理論モデルは、非行少年は加害者意識を薄め、中和する（無効化）技術をもっているがゆえに、善と悪との間を漂流できるというマッツァの非行少年の漂流理論をもとにしたものである。だが、明確な対応技法を提示しているわけではない。

⑦家族介護者支援モデルは、1993年の家族介護休暇法や2000年の高齢アメリカ人法家族介護者支援プログラムなどによる家族介護者への支援制度・サービスを活用することで、家族介護者の介護ストレスや、介護ストレスに端を発した家族機能不全などを改善しようとするものである。ただし、このモデルを重視すると、介護問題以外の問題から生じている虐待を見逃すおそれがある。また、このモデルの強調は、虐待者の言いわけとして使われ

るおそれもある。

⑧家族保全モデルは、児童虐待防止の分野で実施されているもので、家族一緒のまま援助することのほうが虐待の再発防止に効果的であるという考えを基盤にしている。高齢被害者の多くは、家族を壊したくないと思っていたり、加害者としての成人子が障害をもっていたりすると、加害者に責任を感じていることもあるので、このモデルは応用可能である。だが、このモデルは相対的に多くの費用がかかる。また、本当に効果的かどうか検討の余地もある。

ネレンバーグは、虐待対応にすぐれた1つの実践モデルがあるわけではない、どの場合にはどの実践モデルがよいのか、また、どのような実践モデルの組合せがよいのか、ケースバイケースで考えていくのがよいと述べている。

では、これらのモデルがわが国の高齢者虐待対応に活用できるかどうか考えてみよう。①成人保護サービス・モデルと⑦家族介護者支援モデルは、すでにわが国の高齢者虐待対応の方法として採用されていると言ってよい。というのも、高齢者虐待防止法は、目的として、「高齢者虐待を受けた高齢者に対する保護のための措置」と、「養護者の負担の軽減を図ること等の養護者に対する養護者による高齢者虐待の防止に資する支援」（第1条）の2つを掲げ、通報等を受けた場合の対応として、事実確認のため措置を講じ、一時的に保護するため「老人短期入所施設等に入所させる」（第9条2項）ことと、養護者の負担軽減のため「相談、指導及び助言その他必要な措置を講ずる」（第14条1項）ことの2つを市町村に求めているからである。

③保健モデルに基づく活動としては、市町村や地域包括、その他関係機関で支援チームを作り、ハイリスク家族、たとえば、疾患や障害を抱えた成人子と老親との2人暮らし世帯に対し、アウトリーチを行って積極的に相談・支援活動を行う、といった取り組みが考えられる。

②ドメスティックバイオレンス・モデルや④被害者アドボカシー・モデル、⑤修復的司法モデル、⑥無効化理論モデル、⑧家族保全モデルなどは、わが国では、高齢者虐待以外のDVや児童虐待、犯罪被害者対策等でもまだあまり活用されているとは言えない。高齢者虐待の場合、②や⑤の活用可能なケースも例外的に存在するかもしれないが、あまり現実的なモデルのようには思われない。②も⑤も被害者が言語を用いたコミュニケーションによる当事者同士の、あるいは、虐待者との対話を積み重ねていくことが可能な人を前提としているが、前述したようにわが国の高齢者虐待被害者の約半数は認知症（2010年度）であり、対話の積み重ねは困難な場合が多い。それに何よりも被害者の8割は高齢女性であり、虐待者の多くは肉体的な力の強い息子（4割強）や夫（1.5割強）であって、圧倒的な力関係の差がある。また、これらの男性たちのなかには、エイジズム（高齢者差別）や反フェミニズム（女性差別）の意識を強くもつ者たちもいると考えられる。こうした状況下で対話を促すということは、困難であり危険を伴う。

わが国の高齢者虐待防止法は、虐待者を犯罪の加害者として罰するのではなく、支援することで虐待の再発を防止するという観点に立っている。この点から言えば、この法の下で④

を採用することはまずない。⑧については、かつて家制度の存在したわが国にあっても、高齢者と成人子の同居規範はすでに廃れているので、高コストでも効果があるなら実施すべきモデルとは社会的にみなされないだろう。

　だが、高齢者と成人子の同居規範は廃れているものの、現実には高齢者と成人子の同居世帯は他の先進諸国に比べて多く、虐待も未婚の成人子との同居世帯において多く起きている。援助職には、被害者とともに虐待をする成人子を支援していくことが求められている。しかし問題は、成人子を初めとする虐待者のなかには、外部からの関わりや支援を拒否するものが少なくないということである。1節で見たように、そのことが援助職に対応の困難を感じさせる大きな要因であった。援助職は彼らの言行をどのように捉え、どのような対応をとっていけばよいのか、そもそも事実確認のためにどのように情報を収集し、彼らとどのように援助関係を構築していけばよいのか、対応初期段階における面接場面でどのようなアプローチをとればよいのか、援助職は苦慮している。

　実践モデルのなかの⑥は、虐待者の言行理解のための理論を示し、虐待者の無効化の技術に応じた対応法をとることとしているが、対応についての基本的な考えもなくその場その場で対応していくやり方では、こうした虐待者との援助関係を構築していくことは困難である。

　高齢者虐待の対応に関しては、ドナビューらによる「介護者のための社会関係資本（ソーシャルキャピタル）モデル」や、アネッツェバーガーらの「高齢者虐待と認知症のための統合モデル」といったものもある。だが、前者は、介護者の社会参加活動や地域における社会ネットワークを増加させ、介護者の対処スキルを強化することにより虐待の予防を図るというもの、後者は、高齢者虐待に関する教育カリキュラムとリファーラル（他機関紹介）のプロトコル（手順、規程）等を関係機関合同で作成し、関係機関の相互研修により早期発見や関係機関協働の促進を図るというものであり、いずれも実践モデルではない。

　今日、わが国の高齢者虐待対応において必要と考えられる、関わりを拒否する虐待者への面接法に焦点を当てた実践モデルは、管見の限り内外の高齢者虐待研究において今のところ見当たらない。

2．実践モデルの効果に関する研究

　実践モデルは、実際に活用して効果が見られるならば、その利用拡大を図っていくことが求められる。だが、高齢者虐待への実践モデルに関する効果研究は、アメリカにおいてもさほど多くはない。ここでは、ブランネルらの効果研究と、モスクダらの有用性研究について見ておこう。

　ブランネルらは、高齢者虐待の犠牲者とその家族に対して、法的介入と社会サービス介入という2つの介入モデルが、どのような事例に対して用いられ、その効果はどうであったのか、その検証を試みている。

彼らが分析対象としたのは、犯罪被害者委員会プログラム（Crime Victims Board：CVB）と、高齢者サービスプログラム（Elder Services：ES）という、それぞれ異なる財源に基づくプログラムを用い、虐待の犠牲者と家族に対してサービスを提供している民間組織が関与した事例である。CVBというのは、犯罪犠牲者や加害者に対する法的サービスの提供に焦点をあてたプログラム、ESというのは、州の刑事法による犯罪のレベルまで達していないように見える虐待の犠牲者と家族に対し、主として社会サービスを提供するプログラムである。対象とした民間組織というのは、1997年から民間法人によって運営され、薬物とアルコール乱用プログラム、情報プログラム、地域基盤のケースマネジメント、高齢者虐待の犠牲者のためのシェルターなどを提供している組織である。

分析対象事例は、この組織が2001年に関与し、すでに終結している事例で、ESで支援した69事例のうち無作為に選択した30事例と、CVBで支援した78事例のうち無作為に選んだ30事例のうち、虐待とは無関係な原因で死亡した4事例を削除した、ESの27事例とCVBの29事例を合わせた56事例である。これらの事例について、高齢者の属性や犠牲者の健康問題、犠牲者と加害者との関係性、加害者の問題、介入サービス内容等に関する情報をケースファイルから抽出し、2つのグループ間にこれらの要因について差異があったかどうか、CVBの事例について法的介入のほうが社会サービス介入よりも効果的であったかどうか、ESの事例について社会的サービス介入のほうが法的介入よりも効果的であったかどうかを分析している。法的介入というのは、警察の関与、保護命令や法的サービス相談といった家庭裁判所の関与、地域弁護士会の関与等で、社会サービス介入というのは、カウンセリング、医療や精神医療サービスとの連携、ホームケア等のサービス提供等である。援助の終結時点でサービスプランがうまく実施されていれば、クライエントの安全について望ましい成果が得られている、すなわち、効果があったとみなしている。

分析の結果、CVBの対象となった29事例のうち、法的介入のみ行われた事例は5、法的介入と社会的サービス介入の両方が行われた事例は8、社会的サービスのみが行われた事例は16で、犯罪レベルとみなされた虐待事例への支援にも、その大半に社会的サービス介入が行われていた。ESの対象となった27事例のうち、社会サービス介入のみの事例は21、社会サービス介入と法的介入の両方の事例が4、法的介入のみの事例は0で、犯罪レベルとみなされなかった虐待事例への支援では、すべての事例に社会サービス介入が行われていた。

法的介入が行われた事例のうち、終結時に安全が達成されていたのは、CVB13事例のうちの10事例（76.9％）、ES4事例のうちの4事例（100.0％）、社会サービス介入が行われた事例のうち、終結時に安全が達成されていたのは、CVB24事例のうちの15事例（62.5％）、ES25事例のうちの15事例（60.0％）で、両者の介入モデルの効果に有意差は見られなかった。虐待の種類別で見てみると、経済的虐待事例についてのみ、法的介入のほうが社会サービス介入より効果が見られた（Brownell & Wolden. 2002）。

この結果を見ると、実際の実践においては、基本的にCVB対象事例には法的介入モデルで、ES対象事例には社会的介入モデルで対応するものの、CVB対象事例にも必要に応じて

社会サービス介入が行われるなど、柔軟な対応が行われていることがわかる。法的介入モデルと社会サービス介入モデルの効果については、法的介入のみの事例と社会サービス介入のみの事例とを比較していないため、効果の有無を問うことはできないという結果になっている。虐待介入モデルの効果研究のむずかしさの一面を示している。

　モスクダらは、社会サービスと医療サービスを統合した高齢者虐待への実践モデルの有用性について調べている。社会サービスと医療サービスの統合モデルというのは、被虐待高齢者の医療的・心理的傷害の診察、懸念される状況についての高齢者の合意能力の査定、裁判のための傷害に関する記録作成、医療的質問への回答、法的手続きにおける証言等について、医療専門職を訓練して「傷つきやすい成人のためのスペシャリスト・チーム（VAST：Vulnerable Adult Specialist Team）」をつくり、成人保護サービス（APS）や警察、地域弁護士会が虐待事例対応の際に、このVASTにアクセスし協力を得て対応にあたるというモデルである。その有用性に関する検証方法に着目して、彼らの研究を簡単に紹介する。

　まず、相談件数の推移とその内容の確認である。このプロジェクト開始1年目にVASTが相談を受けたのは98件であったが、2年目には171件に増えている。この増加は、APSとVASTのスタッフの対話の進展を示すものとして捉えられている。APSからの相談（協力要請）内容を分析した結果は、認知機能評価（35％）、医療評価（22％）、認知機能および医療評価（21％）、医療情報の提供もしくは医療施設等の照会（10％）などであった。さらに研究では、VASTに事例を相談したAPSのワーカーに、事例終結後、質問紙調査を行って主観的評価を求めている。回答者の98％はVASTが「対応に役立った」と答え、どのような点で役立ったかを複数回答で尋ねたところ、「虐待やネグレクト、セルフ・ネグレクトの判断」（33％）、「自己決定能力の障害状態についての証明」（33％）、「服薬に関するチェックや医療問題の明確化」（22％）、「後見人制度手続きの促進」（21％）、「APSの勧めに従うようクライエントあるいは家族を説得」（17％）、などと答えている（Mosqueda, Burnight, Liao & Kemp. 2004）。

　APSとVASTのスタッフの対話進展による相談件数の増加は、統合チームとしての順調な機能発揮を、また、APSスタッフの相談内容の分析結果は、VASTが目的通り役割を果たしていることを示している。さらに、APSスタッフの主観的評価の結果から、彼らがVASTを具体的な点において有用であったと高く評価していることがわかる。これらの結果に基づき、3年間のパイロットスタディとして始まったこの統合モデルは、その後、パイロットが行われた郡において制度化されている。

　高齢者虐待に対する実践モデルの効果という場合、一般的には、当該モデルに基づいた介入支援の結果、被虐待者の安全が確保されるという変化が生じたことを指すと考えられる。モスクダらの研究のように、実践モデルの目的に沿った形で相談事例が増加したり、援助職が役立った点を具体的にあげて実践モデルを高く評価している場合、当該実践モデルは援助職にとって実用的であるとか、有用性が高い、ということになろう。

　虐待事例への対応は長期戦になる傾向が強く、その間に多様な介入支援が試みられる可能性がある。また、何をもって被虐待者の安全が確保されたとみなすのか、援助職や援助機

関によって異なることも多い。さらに、介入支援の目的は安全だけでなく高齢者が安心できる生活の確保である、といった主張も存在する。こうしたことを考えれば、虐待事例に対する実践モデルが効果的かどうかを実証することは、けっして容易なことではないと言える。他方、援助職にとって有用かどうかを検証することはむずかしいというわけではない。

　虐待事例の場合、援助職が有用とみなして採用する対応方法が、高齢者や家族が望む方法と一致するとは限らない。だが、高齢者の安全確保に責任をもつ援助職が、介入支援に役立つと考えるアプローチは、援助対象である高齢者と家族のためにも、また、対応に困難を感じる援助職のためにも必要である。

　1節で確認したように、高齢者虐待への対応において援助職は多くの困難を感じているが、その大きな理由の1つに、虐待者による介入への拒否的な態度があった。しかし、そうした困難感を和らげ、拒否的な虐待者に対し適切に面接していく方法に焦点を当てた実践モデルは見当たらなかった。援助職が困難感を抱え、無力感や回避感情をもったままでは、高齢者と家族への適切な介入支援はむずかしい。家族の介入拒否によって高齢者を保護・支援できないといったことがないようにするために、また、家族を支援するために、援助職にとって有用性のある実践モデルを開発していく必要がある。

　そのための方策が介入研究である。そこで、次章において、保健医療領域と社会福祉領域における介入研究について見ておく。

【引用・参考文献】

Anetzberger, g. J., Palmisano, B. R., Sanders, M., Bass, D., Dayton, C., Eckert, S., Schimer, M. R. 2000. A Model Intervention for Elder Abuse and Dementia, *The Gerontologist* Vol.40, No.4

Blumer, H.. 1969. Symbolic Interactionism ; Perspective and Method. Prentice-Hall, Inc.. 後藤将之訳. 1991. 『シンボリック相互作用論—パースペクティブと方法』. 勁草書房

Brownell, P. & Wolden, A. 2002. Elder Abuse Intervention Strategies：Social Service or Criminal Justice?, *Journal of Gerontological Social Work*, Vol.40, No1/2

Dahlberg & Krug. 2002. Public Health Model, Haward Press

Donohue, W. A., Dibble, J. L. & Schiamberg, L. B. 2008. A Social Capital Approach to the Prevention of Elder Mistreatment, *Journal of Elder Abuse & Neglect*, Vol20（1）

藤江慎二. 2009. 「高齢者虐待の対応に困難を感じる援助者の認識—地域包括支援センターの援助職へのアンケート調査をもとに」. 『高齢者虐待防止研究』5巻1号, pp.103-111

Glaser, B. G., and Strauss, A. L. 1965. The Discovery of Grounded Theory ; *Strategies for Qualitative Research*. Chicago, Adliney. 後藤隆・大出春江・水野節夫訳. 1996. 『データ対話型理論の発見—調査から如何に理論をうみだすか』. 新曜社

羽根文. 2006. 「介護殺人・心中事件に見る家族介護の困難とジェンダー要因—介護者が夫・息子の事例から」『家族社会学研究』18（1）, pp.27-39.

細谷たき子. 1998「家族援助技術の実際」. 高崎絹子他編著『老人虐待の予防と支援——高齢者・家族・支え手を結ぶ——』. 日本看護協会出版会

金子善彦. 1987.『老人虐待』. 星和書房

春日キスヨ. 2008a.「高齢者虐待と養護支援—増大し続ける実子（とりわけ単身子）虐待加害者問題を中心として」. 上野千鶴子・大熊由紀子等編『ケアその思想と実践4—家族のケア家族へのケア』岩波書店, pp.179-198.

春日キスヨ. 2008b.「ニーズはなぜ潜在化するのか—高齢者虐待問題と増大する『息子』加害者」. 上野千鶴子・中

西正司編『ニーズ中心の福祉社会へ―当事者主権の次世代福祉戦略』. 医学書院, pp.92–124

加藤悦子. 2005.『介護殺人―司法福祉の視点から』. クレス出版

木村淳也. 2010.「メディアにおける高齢者虐待関連記事の動向―朝日新聞における掲載数の経年変化から」. 愛知淑徳大学医療福祉学部『医療福祉研究』6, pp.1–10

木下康仁. 2003.『グラウンデッド・セオリー・アプローチの実践―質的研究への誘い』. 弘文堂

Matza, D. (1964) Delinquency and Drift, John Wiley & Sons, Inc., 上芝功博他訳、1988.『漂流する少年―現代の少年非行論―』. 成文堂

水島洋平. 2011.「男性介護者による高齢者虐待生起のメカニズム」. 同志社大学大学院総合政策科学研究科総合政策科学会『同志社政策科学研究』12 (2), pp.81–89

Mosqueda, L., Burnight, K., Liao, S. & Kemp,B. 2004. Advancing the Field of Elder Mistreatment：A New Model for Integration of Social and Medical Services, *The Gerontologist*, Vol.44 No.5

中河伸俊. 1999.『社会問題の社会学―構築主義アプローチの新展開』. 世界思想社

野村祥平. 2008.「ひとつの地域における高齢者のセルフ・ネグレクトの実態」.『高齢者虐待防止研究』4 (1), pp.58–75

難波貴代・北山秋雄・三縄久代・橋本えみ子. 2006.「高齢者虐待における介入モデルの開発―主介護者と被介護高齢者間の共依存関係に焦点をあてて―」日本保健福祉学会誌13 (1), p.717

Nerenberg, L. 2008. Elder Abuse Prevention：Emerging Trends and Promising Strategies, Springer Publishing Company, pp.36–72

Omote, S. and Saeki, K.. 2005. Difficulties for care managers in demonstrating the existence of elderly abuse：Interviews with care workers. *Journal of the Tsuruma HEALTH SCI. MED. KANAZAWA UNIV*. 29 (2), pp.85–92

Omote, S., Saeki, K. and Kido, T.. 2006. Difficulties faced by care manager in interventions for family members who abuse the elderly：Interviews with care workers. *Journal of the Tsuruma HEALTH SCI. MED. KANAZAWA UNIV*. 30 (2), pp.93–101

表志津子・佐伯和子・石原多佳子. 2010.「看護職の介護支援専門員が認識する高齢者虐待事例ケアマネジメントへの困難と対処」.『老年看護学』14 (2), pp.60–67

大越扶貴・田中敦子. 2010.「援助職が高齢者虐待の対応に困難を感じる要因」.『日本在宅ケア学会』13 (2), pp.51–57

大島康雄. 2010.「息子による高齢者家庭内虐待に関する一考察」.『北星学園大学大学院論集』1, pp.127–140.

太田貞司. 1987.「在宅ケアーの課題に関する試論―"老人介護事件"の検討から」.『社会福祉学』28(2), pp.54–75.

大塚理加・菊地和則・野中久美子・高橋龍太郎. 2011.「介護支援専門員の高齢者虐待事例への対応プロセスとその促進・阻害要因に関する研究」.『社会福祉学』51 (4), pp.104–115

杉井潤子. 1995a.「『老人虐待』への構築主義的アプローチの適用」. 日本社会病理学会編,『現代の社会病理』9, pp.151–182

杉井潤子. 1995b.「老人虐待をめぐって―老人の『依存』と高齢者の『自立』」. 井上眞理子・大村英昭編.『ファミリズムの再発見』. 世界思想社, pp.131–170

杉井潤子. 2007.「なぜ高齢者を差別し虐待するのか」.『老年社会科学』28 (4), pp.545–551

佐々木明子・小野ミツ・高崎絹子・田沼寮子・中島淑江. 2009.「地域の高齢者虐待の予防と早期発見における保健師の役割と対応上の困難」.『お茶の水看護雑誌』4 (2), pp.8–18

Spector, M. and Kitsuse, J. I. 1977. Constructing Social Problems. Cummings. 村上直之・中河伸俊・鮎川潤・森俊太訳. 1990.『社会問題の構築―ラベリング理論をこえて』. マルジュ社

結城佳子・鈴木敦子・太田知子・小林美子・坂田三充. 2009.「我が国の高齢者虐待に関する研究の現状と課題」名寄市立大学紀要3, pp.26–27

Zehr, H. 1990. Changing Lenses, Herald Press, 西村春夫他監訳. 2003.『修復的司法とは何か―応報から関係修復へ―』. 新泉社

高齢者虐待への介入アプローチ──安心づくり安全探しアプローチ(AAA)──

2章 介入アプローチ開発

1節 介入研究とは

1. 介入研究の基本的な考え方と研究方法

　介入研究は、そもそも保健医療領域では古典的なデザインの研究である。介入、すなわち人為的な何らかの働きかけが、期待している結果を引き起こすのかどうかを検討するための研究である。その方法とは、ターゲット集団に対して、一定の条件を人為的に加減する(＝介入する)ことを一定の期間行い、その前後で、予想される影響の出現率や程度に変化があるかを検討する研究方法である。介入により、どのような影響があるかを明らかにすることで介入の有効性を検討する基礎的な手法である。
　介入研究として十分な条件を満たす研究デザインは、通常「実験デザイン法」で実施される。実験デザイン法とは、効率よく実験方法を設定した上で統計学的手法を用いて結果を適切に分析することで、設定した条件の影響を明らかにするための研究方法である。実験デザインにはいくつかの原則がある。
　①影響を調べる要因以外の要因は可能な限り一定であること
　②複数回の試行で確認されていること
　③無作為化されていること
　④縦断的な視点で影響が把握されていること
　以上の原則は、結果に影響する要因をできるだけ最小限にとどめたり、偶然によるばらつき(誤差)の影響を小さくしたり統制したりするための科学的な手法である。実際は厳密にこれらの手続きを踏むことはむずかしいが、介入の影響を適切に評価して効果を検証するためには基本となる考え方である。このすべてが満たせない場合には、その一部だけでも満たすように工夫し(準実験デザインと呼ばれる)、統制できていない条件についてその理由と限界について丁寧に考察されることが多い。
　人を対象とする介入研究の場合にも、できるだけ実験デザインで研究は進められてきた。特に保健医療の領域では、治療法の開発、なかでも薬物療法の開発で実験デザインによる介入研究(治験)が発達した。薬物療法ばかりではなく運動療法や栄養療法、心理社会的介入方法についても、世界的には実験デザインないしは準実験デザインに基づく介入研究がすすめられている。

介入研究を行う際には、以下の手順で研究デザインを計画的に進めていくことが必要になる。まず、介入プログラムづくりの段階から丁寧な検討が必要である。ターゲットとなる集団は誰なのか、また何を狙いとしてプログラムを構成するのか、介入プログラムによりどのような効果（変化）を期待するのかについて、明確に同定しておく必要がある。ここを不明瞭にしたまま介入の対象者すらぼやけた状態で研究を始めてしまっては、介入後に変化が生じたように思われたとしても「誰にとって・何が良くて・どのような変化があったのか」を客観的に検証することが困難になってしまう。介入対象の集団や、介入の対象となる行動・思考・感情等を事前に明確にしておくことで、その後の介入効果の検証に活かすことが可能になるのである。

　次いで、介入プログラムの評価デザインを選定しておくことが必要となる。介入プログラムの影響だけを純粋に検討するために、他の条件を最小限に抑える工夫を重ねる必要があり、そのための手続きを検討することがこの段階の主眼となる。そのためにはまず介入プログラムの対象者を明確にし、対象者を無作為化割り付け法により、介入群とコントロール群に割り付けることが理想である。理想的には介入群には介入プログラムを、コントロール群には介入プログラム以外の別のプログラムを提供することとして、無作為化割り付けを行うことが望ましい。ただし介入以外の別のプログラムを提供することもむずかしいため、無作為化割り付けを行い、通常治療群と介入プログラム群に分けたり、介入プログラム群と待機リスト群に分けたりすることが多い。そのうえで介入前と介入後との時点の状態を評価し、介入プログラムがある場合とそれ以外との場合とで変化の程度がどの程度違うのかを検討することにより、介入プログラムの影響を明らかにすることができる。

　コントロール群を用いた実験デザインが採用できない場合には、準実験デザインとして、できる限り介入群だけでも前後比較を行う評価デザインを設計することが重要になる。介入を実施した後から評価について検討を始めると、往々にして事前状態の評価を的確に行うことができず、介入プログラムの効果に関しては主観的な変化の評価以外には十分に検討することができなくなりがちである。コントロール群を配置したり、事前状態の評価をしていなければ、時間による自然経過の影響や偶然の影響を排した介入プログラムの影響を検討することがむずかしくなるのである。介入プログラムの前に、あらかじめ対象者の状況に合わせて現実的に実施可能な評価方法（データの収集方法）を検討し、適切な評価を行うことが望ましい。

　これらの事前の準備を経て、事前状態の評価を行ったうえで、介入プログラムを提供し介入後の状態の評価を再度行うことで、介入の前後による変化が把握可能となる。この変化の大小に関連する要因等を検討していくことで、効果的なプログラムに必要な要件や背景要因の検討が可能になっていく。

　介入研究とは、このようなさまざまな手続きを経て実施される包括的かつ体系的な評価と実践の総合的なプロセスを含むものである。

2. 保健医療領域での介入研究の例

ここで保健医療領域での介入研究の例として、精神障害者への心理社会的介入プログラムとして開発された「心理教育プログラム」をめぐる一連の研究を取り上げたい。この研究は、精神障害の再発予防における本人および家族に対する心理教育プログラムの有効性を検証するために取り組まれた多施設合同研究である[1]。心理教育プログラムとは、疾病理解を促すわかりやすい情報提供と、障害受容をめぐるさまざまな葛藤への対処、症状行動への日常的な対処の工夫等を含めた教育的な介入アプローチの総称を指す。

ここでは研究の概要を説明するために、主要な研究をいくつかピックアップして紹介しよう。まず研究を実施するにあたって、プログラム評価の理論的枠組に基づいて心理教育プログラムがどのように効果を与えるものなのかが理論的に検討された。本人や家族の、心理社会的介入プログラムに対する参加の準備性が一定の状態にある時に、プログラムを受けることで、精神障害に関する正しい知識が向上し、生活課題への対処行動スキルが向上すると考えられた。

そこで事前—事後評価に用いることのできる指標の収集および開発が行われた。既存の尺度(精神疾患と薬物に関する知識度尺度、Knowledge of Illness and Drugs Inventory：KIDI等)を用いることができるところでは活用したほか、プログラムへの参加準備性（瀬戸屋他. 2006)や、精神障害者本人による生活課題への対処行動スキルが取れるかどうかに関する自己効力感尺度 (大川他. 2001) 等が開発された。さらに、こうした自己記入式質問紙調査法を用いる妥当性についても検証が行われた (瀬戸屋・大川他. 2003)。

これらの事前事後評価の指標の開発と同時に、実験デザインによる介入プログラムがすすめられた。時期によって無作為に介入対象群と待機リスト群に割り付けられた対象者達は、介入の前後の評価により、家族の感情表出 (Expressed Emotion〈EE〉) の変化や再発率の変化が比較された (塚田他. 2000, 小石川他. 2000)。その結果、待機リスト群と比べると、心理教育プログラム実施群で再発率が低下していること、また介入群では、家族の感情表出に有意な低下が認められ、本人にとっても家族にとっても一定の効果があることが示された。この家族の感情表出 (EE) は、本人の再発の関連因子としてしばしば文献上で指摘されているほか、家族に生じている二次障害の指標、すなわち家族が抱えているストレス負荷の高さを示す指標でもあるため、感情表出 (EE) が低下していることは家族の負担が軽減し、本人との関係性が良い方向に変化していることを間接的に示すものであると言える。実験デザインにより介入の効果が実証的に示されたことの意義は大きい。

さらに介入群で提供されているプログラムの質を評価するために、プロセス評価の指標の開発がすすめられている。プログラムを実施するための基本となるガイドラインが作成されたほか (国立精神・神経医療研究センター. 2004)、家族がどのように心理教育の実施要素を体験したか(受容したか)に関するプロセス評価の指標も開発され(福井他. 2004a)、家族が心理教育の実施要素を高く評価している家族では単なる知識の上昇以上の高い介入効果がみられることが明らかにされた (福井他. 2004b)。このような研究成果を踏まえて、

最終的には「心理教育の立ち上げ方・進め方」ツールキットとしてとりまとめられた（伊藤他．2009）。ツールキットには実践導入へのさまざまな素材が組み込まれている他、フィデリティ評価[2]のための尺度やニーズ評価の指標、実施の工夫等、包括的な観点から心理教育の実践に向けた支援情報が提供されている。

さらに、こうしたツールキットを整備し、心理教育プログラムの普及に向けての研究に継続的に取り組んでおり、心理教育普及の障壁について組織システムの観点から分析したり（二宮他．2009）、研修参加者に対してコンサルテーションを定期的に行い、どのようなコンサルテーションニーズがどのような時期に生じてくるのかに関して、実践的に分析した研究が報告されている（香月他．2010）。

日本においても、介入研究としてこのような大規模かつ多角的な評価研究が取り組まれている。この一連の研究は厚生労働省の研究班による研究であるため、一般的にこれほどの大規模な研究を長期にわたって継続することは困難であるかもしれないが、この考え方や多彩な視点を学ぶことは、今後のソーシャルワーク領域におけるプログラム評価の進展に有用であろう。

注

1) この研究は、厚生労働省精神・神経疾患研究委託費（現：精神・神経疾患研究開発費）において1998年より「精神分裂病の病態、治療リハビリテーションに関する研究」（主任研究者：内村英幸）「統合失調症の治療およびリハビリテーションのガイドライン作成とその実証的研究班」（主任研究者：浦田重治郎）「精神政策医療ネットワークによる統合失調症の治療及び社会復帰支援に関する研究」（主任研究者：塚田和美）「統合失調症の治療の標準化と普及に関する研究」（主任研究者：塚田和美）で継続的に取り組まれた研究である。その中心となったのが、伊藤順一郎（現：国立精神・神経医療研究センター）と大島巌（現：社会事業大学）であり、本章では彼らが加わった研究を中心として取り上げる。

2) フィデリティ評価とは、計画されたプログラムが実際にどの程度忠実に実施・実践されたのかの程度を評価することである。Evidence-based Practice（EBP、根拠に基づく実践）の考え方に基づいて、根拠に基づいて実践プログラムが計画されるが、その効果評価を行うに際しては想定通り適切にプログラムが実施されたか、それとも実施上に何らかの課題が生じて十分に実施できなかったのかについても考慮に含める必要がある。fidelityとは「忠実・忠節」という意味があり、フィディリティ評価を行うことで、計画されたプログラム内容の何が実施しやすく、何が実施しづらかったのかを考慮し、より現実的な計画改善を行っていくことができる。

2節　社会福祉領域における介入研究

1. 介入アプローチの評価研究

　人為的な働きかけが期待している結果を引き起こすかどうか、その介入方法の有効性を検討する手法が介入研究であるのなら、社会福祉領域における介入研究は、サービス・プログラムの開発といったメゾレベルの研究でも、ソーシャルワーカーの介入技法やツールの開発といったミクロレベルの研究でもきわめて限られている。わが国においては福祉のサービス・プログラムやソーシャルワーカーが活用する援助実践方法の効果を評価する、といった発想がそもそも乏しかった。そのため、こうした介入研究も発展しなかったと考えられる。評価という発想が乏しかったのは、長く続いた措置制度の下で、福祉政策や福祉行政が、社会福祉プログラムならびに援助実践の評価を求めて来なかったことがその理由の1つであろう。

　援助実践方法の評価に限っていうならば、わが国の社会福祉の相談機関におけるソーシャルワーク実践が、ジェネラリストアプローチやケアマネジメントという、システム論に基づく介入アプローチを中心的モデルとしてきたため、評価研究の実施が困難という事情もある。これらのアプローチは、対象が抱える種々のニーズ（必要／課題）に対し、多様な援助活動を柔軟に行うというモデルであるから、何を成果として評価するのかを明確に同定しがたい。

　プログラム評価研究の盛んなアメリカにおいても、この介入アプローチに関する評価研究は必ずしも活発に行われているとは言えない。ソーシャルワーク関連の13の雑誌に5年間（1993～1997年）に掲載された論文約1850本のうち、介入アプローチの評価研究はわずか7％のみであった（Rosen. 1999）。

　ライドらは、1990～1999年の10年間で、実験デザインや準実験デザインを採用している実証的研究のうち、「効果に有意差あり」と「追試のため方法を詳述」しているという2つの条件を満たしている論文を107本集め、それらがどのような特徴をもっているかを調べている。その結果、実証的研究が行われた介入プログラムには2つのタイプがあることが明らかになった。1つは、認知行動アプローチによるグループ・プログラムである。プログラムの構造化の程度が高く、スキル・トレーニングやインストラクション・宿題提出を中心としたものである。典型的なものは、精神疾患、子ども/青少年行動、医療の領域における治療プログラムや予防プログラムである。もう1つは、ケースマネジメント・プログラムである。構造化程度が弱く、具体的サービスの提供やケースマネジャーあるいはケースマネジメント・チームとクライエントの関係性を活用するものである。典型的なものは、重度の精神疾患や家族保全（子ども虐待対応プログラム）の領域で見られる。

数の上で多かったのは、圧倒的に前者の認知行動アプローチによるもので、全体で37%を占めていた。認知行動アプローチ、学習理論、問題解決アプローチ、課題中心アプローチのどれかを組み合わせたものは全体の51%ほどになる。ケースマネジメントによるものは11%にすぎない。ソーシャルワーカーたちが日常の実践において活用したり、関心を寄せていると言われる、ジェネラリスト、エコロジカル、ナラティブ、エンパワメントなどのアプローチに関する評価研究はさらに少なかった（Reid. 2003）。

　認知行動アプローチは介入目的や介入行為・方法が限定されているので評価研究になじみやすい。だが、ジェネラリストアプローチやエコロジカルアプローチなどは介入行為や介入技法を特定化しにくく、個別性の高い実践になるため、評価研究になじまないということであろう。

　ジェネラリストアプローチやエコロジカルアプローチに比べれば、心理療法的介入は介入行為や技法を比較的特定化しやすい。児童虐待事例に対する心理療法的介入の評価研究を、久保田が紹介している（久保田. 2010）。その研究では、低所得階層でかつ不適切な養育下にいる12か月児とその母親137組を、①親子に対する心理療法を中心とした介入・援助群（IPP群）、②母親への心理教育的アプローチを中心とする介入・援助群（PPI群）、③母子に対する標準的な援助群、の3つに分けて援助介入を1年間実施し、社会経済的状況が類似している養育リスクのない統制群52組と比較して、その効果を明らかにすることを試みている。

　IPPは、心理セラピストが母親と乳児に週1回会い、子どもに関する発達相談を含む母親への心理療法的接近を行う。母親への支持的、非審判的、非指示的な関わりを中心に、母親と乳児双方に共感的に応答していく。乳児の行動に情緒的に応答し、肯定的関心に満ちた応答的環境を提供していくことで、母親の乳児への理解を拡張させ乳児への歪曲した感じ方がどこに由来するのかについて心理的探索へ向かわせる、というものである。PPIは、心理セラピストが週1回家庭訪問をし、養育者の個人的資源の乏しさや社会的サポートの乏しさ、家庭内ストレスの高さに焦点をあて、具体的な心理教育と養育スキルトレーニングを行う。また、認知行動的技法による具体的な問題解決力の向上を目指し、それによって、養育ストレスの低減を図る、というものである。

　介入前の時点で、安定愛着型の比率が、統制群33%、IPP群3.3%、PPI群0%、標準援助群0%、無秩序・無方向型愛着の比率が、統制群42%、IPP群88%、PPI群83%、標準援助群93%であったのが、1年間の介入により、安定愛着型の比率がIPP群で61%、PPI群で55%、標準援助群2%、無秩序・無方向型愛着の比率は、IPP群32%、PPI群46%、標準援助群78%という結果になった。つまり、IPPとPPIという介入アプローチは、いずれも母子間の安定愛着の再構築に効果をもたらしたと言える。

　リーらは、解決志向アプローチを用いたDVの加害者に対するグループ・セッションの効果を調べている（Lee et.al.. 2004）。このグループ・セッションは次のような原則に従って週1時間、6か月間実施された。参加者はストレングスと成功体験について語り、解決について責任をもち、決めた目標を実行する可能性について自己評価していく。ファシリテー

ターは、解決とストレングスに焦点を当てた質問を重ね、問題状況の例外やクライエントの資源を引き出し、強化・拡大していく。ファシリテーターは、参加者自身が参加者の生活や現実についての専門家であるとみなし、参加者が変化や解決に焦点を当てる対話をつくっていく過程において、ファシリテーターは質問者として専門家の役割を果たす。

　グループ・セッションの評価研究参加者は、14グループの90人、その6割強がアルコールを含む薬物乱用者、6割弱がアルコール依存症者の子どもで、4割強が子ども期に虐待された経験をもっている。評価は、参加者による自己評価インデックス（ISE）と、その配偶者による解決同一化スケール（SIS：配偶者が認める行動の肯定的変化についての評価）を、インテーク時と最終セッション時、6か月後のフォローアップ時に実施している。また、6か月後時点での暴力行為について、参加者と配偶者から情報を得ている。

　インテーク時と最終セッション時の両方のデータがそろったグループ（82人）のインテーク時と最終時のISEの平均スコア（82人）は22.4から24.5に、インテーク時と6か月後調査時のデータがそろったグループ（48人）のインテーク時と最終時のISEの平均スコアは21.2から26.8に上昇した。SISは前者のグループで197.9から236.8に、後者のグループで192から236.5に上昇した。いずれも有意であった。また、6か月後に参加者と配偶者にプログラム参加前と現在の暴力レベルを尋ねた結果、参加者による認知では、暴力レベルは有意に減っていた。

　リーらは、参加者が自分で目標を決めて実施するというこのグループセッションのやり方が、参加継続の動機づけを増したと解釈している。6か月後調査への協力者が半数であるなど限界はあるが、解決志向アプローチによるグループ・セッションは有用性をもつとしている。

　解決志向アプローチの有用性については、バーグらもスケーリング・クエスチョンを用いて評価を試みている。スケーリング・クエスチョンは、「問題が解決したという状態を10点、もっとも悪いという状態を1点とすると、今は何点くらいでしょう？」と尋ね、クライエントが「○点」と答えると、「○点なんですね？　○点になったというのはこれまでと何が違っているのでしょうか？」「○点よりも1点向上するとしたら、それは○点のときと何が違っているのでしょうか？」などとセラピストが質問していくことで、クライエント自身が進展／解決を構築していくこと目指す、解決志向アプローチの面接技法の1つである。

　10人のセラピストにこのスケーリング・クエスチョンを毎回のセッションで実施してもらい、各クライエントのインテーク時の数値と最終セッション時の数値を比べたところ、275人のクライエントのうち、26％が「進展なし」（変化の数値：-3点～0点）、49％が「やや進展」（1点～3点）、25％が「かなり進展」（4点～8点）であった。クライエントの人種や性別、仕事の有無、抱えている問題の種類（自殺企図、DV、被虐待体験等）は、こうした結果に影響を与えていなかった。最後のセッションから7～9か月後に実施した電話インタビューに約半数のクライエントが回答しているが、そのうちの77％が「目標は達成した」（45％）、「ある程度進展した」（32％）と答えている。こうした結果をもって、バーグらは、対照群はないものの、解決志向アプローチが効果的な方法であることが示唆されたとして

いる (Berg & Jong. 1996)。

　認知行動アプローチや心理教育アプローチではないアプローチのなかでは、解決志向アプローチは、スケールやスケーリングクエスチョンという方法の採用によって、その有用性を実証できるアプローチのように見える。

　しかし、ストーカーらは、解決志向アプローチが他のアプローチよりも効果があるという明確なエビデンスがあるというわけではないと言っている (Stalker, Levene, Coady. 2000)。彼らによれば、解決志向アプローチは、クライエントの変化が早い、変化が継続する、セッション回数が少ない、クライエントの満足度が高い、という点で、アメリカやカナダのソーシャルワーク機関、精神保健機関等に人気が高い。特にソーシャルワーカーにとって、解決志向アプローチはストレングスを強調するモデルであり、理解しやすく応用しやすいことから魅力的であり、効果や有用性を示す研究を高く評価しがちである。だが、過去50年間の心理療法の成果研究によれば、認知行動療法などの一部を除き、アプローチのタイプの違いが意味ある成果の違いをもたらすということはない。セラピストとクライエントの関係の質、すなわち、暖かさ、共感、尊敬、受容、協働といった質が、成果をもっとも予期する要因なのだから、当該のクライエントが信頼、安全、保障の感覚を増すことができ、緊張、おそれ、不安を減少させるような関係づくりのための介入アプローチとしてはどれが適切か、という研究を進めていくのがよい。

　ストーカーらの言うように、解決志向アプローチがソーシャルワークにとって魅力的だからといって、いくつかの有用性を示す研究結果をただちに一般化し、このアプローチがソーシャルワーク実践における効果的アプローチだと単純に言うことはできない。しかし、解決志向アプローチは、実践の目的や原則、技法が明確で、援助者は個人面接かグループ面接を行うのが基本である。それゆえ、生活の多様なニーズに対して、多様な介入・支援行為を行うことが前提となっているジェネラリストアプローチやケアマネジメントよりも成果を評価しやすい。ワーカーとクライエントとのよい関係づくりを目標に定めて、解決志向アプローチの効果を評価することも可能である。

　解決志向アプローチによる効果や有用性評価は、ワーカーやクライエント、関係者による尺度を用いた評価やスケーリング・クエスチョンによって行う。効果（変化）を客観的な指標で評価しなければ、それをエビデンスとみなさないといった研究者からは、そうした評価は主観的評価にすぎないと指摘を受ける可能性がある。確かにそれは主観的評価である。だが、立場を異にするワーカーとクライエント、あるいは、それ以外の複数の関係者にもそうした尺度やスケーリング・クエスチョンを用いて評価してもらい、そのなかの過半数が効果を認めているのならば、それは客観的なエビデンスになる、と考えることができよう。

2. 介入アプローチ開発研究

　介入研究が日本より進んでいるアメリカにおいても、レベルが高いと評価されているソ

ーシャルワークリサーチ学会の優秀賞にノミネートされた264本の論文のうち、介入評価に焦点を当てた研究はフレーザーによると73本（27.7％）のみであった（Fraser. 2004）。フレーザーは、ソーシャルワークの調査研究は「説明知識」に焦点を当てたものが圧倒的に多く、介入のエフィカシー（効能）やエフェクト（効果）に焦点を当て、「コントロール知識」を創出しようとするものが少ない、ソーシャルワークの研究から実践ガイドラインをつくり出そうとするなら、介入研究にもっと取り組まなければならない、と述べている。

わが国の社会福祉領域における介入研究も、エビデンスをもとにした実践（EBP）の重要性や説明責任の必要性が指摘されているわりには進展が見られない。介入研究の進展を妨げる要因には、必要な長い研究時間と大きな経費、アカデミック世界での実践指向研究の軽視といったものがある。わが国ではそれに加えて、ソーシャルワーク実践の大半がジェネラルなものであることも一因としてあげることができる。わが国のソーシャルワーカーの多くはジェネラリスト・ソーシャルワーカーとして、問題・ニーズを包括的な視点からアセスメントし、必要に応じて多様な支援活動を行っており、特定の問題・ニーズに対する、より効果的な介入アプローチは何か、という関心をもちにくい。また、より効果的な介入アプローチに対する実践現場のニードが低いため、研究者も開発研究への動機づけをもちにくい（副田. 2010）。

その数少ない介入研究として、サービス・プログラムの開発研究には、道明・大島の精神障害者退院促進支援プログラムに関する介入評価研究や（道明・大島. 2011）、野口の日本版ペアレントトレーニング・プログラムの開発研究が（野口. 2008）、介入アプローチ開発研究としては、芝野の子ども虐待対応マネジメントのための「日本的フェーズ型モデル」開発研究などがある（芝野. 2005）。

野口や芝野が研究方法として採用したのが、M-D&Dである。M-D&Dというのは、ロスマンとトーマスが提案したD&D（デザイン・アンド・デベロップメント）を実践現場で実行しやすいよう、芝野が手続きを簡素化したものである。フェーズⅠ（問題の把握と分析）、フェーズⅡ（たたき台のデザイン）、フェーズⅢ（試行と改良）、フェーズⅣ（普及と訴え）の4段階から成る。芝野は、このフェーズⅠとフェーズⅡに、プロセテック環境を構築するという視点を盛り込むことを求めている。プロセテック環境というのは、環境の変化などによって失われたように見える人の行動や能力をうまく引き出す環境、あるいは、十分に発揮されていない能力や行動をうまく引き出す環境のことである。これを用意することで、そうした能力や行動を取り戻すことができる、という考えがベースにある。

芝野は、子ども虐待に対応する児童福祉司のための実践モデルを、ITを活用した対話型マルチメディア・プログラムとして開発している。児童福祉司の適切なマネジメント行動が起こりやすくなるような工夫をそこに組み込むことで、児童福祉司にとってのプロセテック環境を生み出す働きをするモデルである。まず、フェーズⅠでは、子ども虐待対応に関わる児童福祉司の問題点や手続きの不十分な活用、実践モデルの欠如といった問題の把握と分析を行っている。

フェーズⅡでは、実践モデルとしてのナビゲーション兼データベース・システム（実践

ナビDBシステム）のたたき台をデザインするにあたり、アメリカのデュープロセスと日本の制度を検討、実践に関する状況調査結果も踏まえて、日本ではフロー型モデルは描けないとの判断から、日本の特殊性を考慮して8つの意思決定フェーズ（一時保護、立ち入り調査、処遇等）をもつフェーズ型モデルを策定している。それぞれの意思決定フェーズをモジュールとして考え、それぞれのモジュールには、IF＝THENルール（一定の情報があれば＝IF、特定の援助を実施する＝THEN）に基づく意思決定手続きを核とするチェック項目を用意している。各モジュールは、児童福祉司の行動を導くナビゲーション機能とOJT（現任訓練）としての教育的機能を備えるものとなっている。また、意思決定に必要な情報（IF）と判断（THEN）を入力すると、それがリアルタイムでデーターベース化されるようにシステムを作成している。

　フェーズIIIでは、開発した実践ナビDBシステムを、厚生労働省のモデル事業として3つの自治体で試行し、評価している。そのうちの1つの自治体では、全児童相談所で本システムをカスタマイズして導入することになった。芝野は、これにより、開発研究はフェーズIVに入ったとしている（芝野．2005）。

　芝野によると、当該自治体は、収集すべき情報や予算に関連する帳票などを相当カスタマイズし、自治体バージョンをつくっているとのことである。そのバージョンによる実践対応によって、当該自治体の児童福祉司は、子ども虐待に対しそれ以前より、より適切なマネジメント行動をとることができるようになっただろうか。ひいては、そうした行動により、当該自治体の児童福祉司の援助の質が向上し、導入以前よりも「子どもの最善の利益」の実現により寄与することができるようになっただろうか。芝野はこうした「成果」までは示していない。そこまでの「成果」評価を求めることは、児童相談所職員の多忙さ等の現実を考慮すれば、かなり無理なことであったと推測される。

　芝野のM-D&Dを用いた研究には、木村による虐待を受けた子どもを里親としてケアしていく専門里親に対する支援モデルの開発研究などもある（木村．2012）。ただし、これは専門里親が里子をケアしていくにあたって必要な知識や情報の学習プログラム開発といってよく、支援を必要とする対象に直接介入支援していく方法としての介入アプローチ開発ではない。

　こうしてみると、社会福祉領域の介入研究のなかでも、介入アプローチの開発研究はかなり限られていること、また、その対象への効果評価や有用性評価は実施が容易でないことを改めて理解することができる。だが、M-D&Dは、社会福祉領域における介入研究の手順を示すものとしてシンプルでわかりやすい。M-D&Dに基づいて介入アプローチの開発研究を進めていくことは、ソーシャルワークにおけるエビデンスの蓄積を推進していくことでもある。

【引用・参考文献】

Berg, I. K. & Jong, P. D., 1996. Solution-Building Conversations：Co-Constructing a Sense of Competence with Clients, *Families in Society*, Vol.77, No.6

福井里江・大島巌・長直子他. 2004a.「統合失調症に関する家族心理教育プログラムの家族の視点からみたプロセス評価（第１報）心理教育プログラム実施要素の家族による認知尺度（FPPIE）の開発」,『精神医学』46（4）, pp.355-363

福井里江・大島巌・瀬戸屋（大川）希他. 2004b.「統合失調症に関する家族心理教育プログラムの家族の視点からみたプロセス評価（第２報）プログラム実施要素の家族による認知度と介入効果の関連」,『精神医学』46（5）, pp.487-492

Fraser, M. W. 2003. Intervention Research in Social Work：A Basis for Evidence-Based Practice and Practice Guideline, in Rosen, et all. eds.,. Developing Practice Guidelines for Social Work Intervention, Columbia University Press. pp.23-24

Fraser, M. W. 2004. Intervention Research in Social Work：Recent Advances and Continuing Challenges, *Research on Social Work Practice*, Vol14 No.3, p.210

Gambrill, E. 2003. Evidence-Based Practice：Implications for Knowledge Development and Use in Social Work, In Rosen, A. and Proctor, E. F., eds.. Developing Practice Guidelines for Social Work Intervention, Columbia University Press. p.53

原桂央理・芝野松次郎. 2006.「子ども虐待ケースの援助に携わる児童福祉司のためのWeb Site型トレーニングツールの開発的研究──叩き台の作成とその評価」,『子ども家庭福祉学』5

伊藤順一郎（監修）心理教育実施・普及ガイドライン・ツールキット研究会（編集）. 2009.『心理社会的介入プログラム実施・普及ガイドラインに基づく心理教育の立ち上げ・進め方ツールキット』. 地域精神保健福祉機構コンボ

香月富士日・小西瑞穂・伊藤順一郎・福井里江・贄川信幸・二宮史織・森山亜希子・大島巌. 2010.「ある病院の家族心理教育導入初期の２年間の関わり〜心理教育普及ガイドラインおよびツールキットを用いてのコンサルテーション〜」,『家族療法研究』27, pp.167-177

木村容子. 2012.『被虐待児の専門里親支援──M-D&Dにもとづく実践モデル開発──』. 相川書房

久保田まり. 2010.「児童虐待における世代間連鎖の問題と援助的介入の方略：発達臨床心理学的視点から」,『季刊社会保障研究』Vol.45, No4

小石川比良来・塚田和美・富山三雄・伊藤順一郎・大島巌・内山真・浦田重治郎. 2000.「高EEと心理教育的家族介入と薬物療法」,『精神神經學雜誌』102（11）, pp.1061-1066

国立精神・神経医療研究センター精神保健研究所社会復帰研究部. 2004.『心理教育を中心とした心理社会的援助プログラムガイドライン』
http://www.ncnp.go.jp/nimh/fukki/documents/psycho_education_guide_line.pdf（最終アクセス日2011年10月25日）

Lee, M. Y., Uken, A. & Sebold, J. 2004. Accountability for change：Solution-focused Treatment with Domestic Violence Offenders, *Families in Society*., Vol85,. No4

道明明乃・大島巌. 2011.「精神障害者退院促進支援プログラムの効果モデル形成に向けた「効果的援助要素」の検討―全国18事業所における１年間の試行的介入評価研究の結果から―」,『社会福祉学』第52巻2号

Nabila, El-Bassel. 2008. Practice Intervention and Research, NASW ed., Encyclopedia of Social Work 20th

二宮史織・福井里江・贄川信幸他. 2009.「精神科医療機関における心理教育普及の障壁──心理教育普及研究参加施設における現状と変化」,『精神障害とリハビリテーション』13（2）, pp.197-203

野口啓示. 2008.『被虐待児の家族支援―家族再統合実践モデルと実践マニュアルの開発―』福村出版. pp.19-20

大川希・大島巌・長直子・槙野葉月・岡伊織・池淵恵美他. 2001.「精神分裂病者の地域生活に対する自己効力感尺度（SECL）の開発」,『精神医学』4（37）, pp.727-735

Reid, W. J. and Fortune, A. .2003. Empirical Foundations for Practice Guidelines in Current Social Work Knowledge, in Rosen, A. and Proctor, E. K, Developing Practice Guidelines for Social Work Intervention, Columbia University Press, pp.61-69

Rosen, A., Proctor,E. F. and Staudt, M. M. 1999. Social Work Research and the Quest for Effective Practice, *Social Work Research* 23-1

Rossi PH, Freeman HE, Lipsey MW：Evaluation：a systematic approach 7th edition.（＝大島巌・森俊夫・平岡公一・元永拓郎監訳. 2005.『プログラム評価の理論と方法─システマティックな対人サービス・政策評

価の実践ガイド』．日本評論社
Rothman, J. 1997. Intervention Research, in Encyclopedia of Social Work 19th ,NASW, p.1521
Schilling, R. F. 1997. Developing intervention research programs in social work, *Social Work Research*, 21–3
芝野松次郎. 2001.『子ども虐待ケース・マネジメント・マニュアル』．有斐閣
芝野松次郎. 2002.『社会福祉実践モデル開発の理論と実際：プロセティック・アプローチに基づく実践モデルのデザイン・アンド・ディベロップメント』．有斐閣, pp.127–131
芝野松次郎. 2005.「子ども虐待マネジメントのための実践モデル―日本的フェーズ型モデル開発・普及の試みと課題―」.『兵庫自治学』(11)
瀬戸屋希・大島巌・槇野葉月・沢田秋・長直子・福井里江他. 2006.「統合失調症の心理教育に対する参加準備性尺度の開発―信頼性・妥当性の検証」.『精神医学』48（2），pp.135–143
瀬戸屋（大川）希・大島巌・長直子他 .2003.「統合失調症者の自己記入式調査に対する回答信憑性――統合失調症者の地域生活に対する自己効力感尺度（SECL）に対する回答の検討から」.『精神医学』45（5），pp.517–524
副田あけみ. 2010.「ソーシャルワーク」．松村祥子編『社会福祉』放送大学振興会
Soydan, H. .2008. Intervention Research, in Encyclopedia of Social Work 20th. NASW, pp.536–7
塚田和美・伊藤順一郎・大島巌・鈴木丈. 2000.「心理教育が精神分裂病の予後と家族の感情表出に及ぼす影響」．『千葉医学雑誌』76（2），pp.67–73
安田節之・渡辺直登. 2008.『プログラム評価研究の方法（臨床心理学研究法 第7巻）』．新曜社
Webb, S. A. .2001. Some Consideration on the Validity of Evidence-Based Practice in Social Work, *British Journal of Social Work* 31

高齢者虐待への介入アプローチ —— 安心づくり安全探しアプローチ(AAA) ——

3章 「安心づくり安全探し アプローチ」開発

1節 開発研究プロセス

1. フェーズⅠ〈問題把握と分析〉

高齢者虐待に携わる援助職に対する新しい介入アプローチを、M-D&Dに従い、図表3-1-1のように進めることにした。

図表3-1-1 M-D&Dに従った高齢者虐待に関する介入アプローチ開発のプロセス

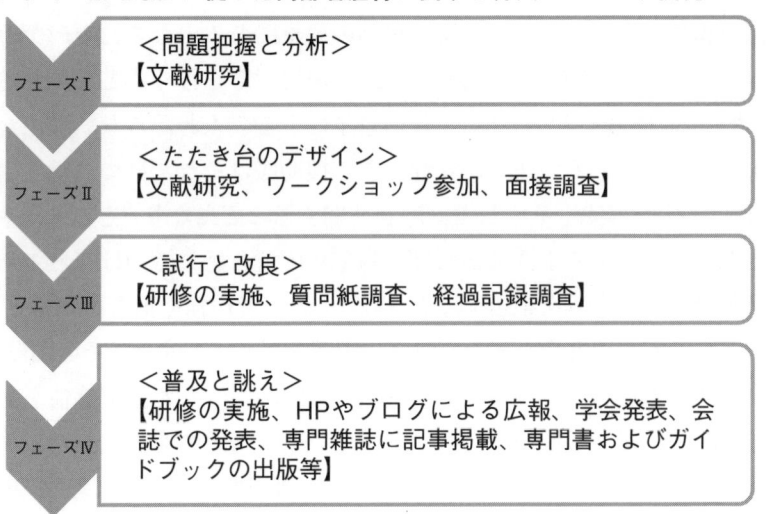

フェーズⅠ	＜問題把握と分析＞【文献研究】
フェーズⅡ	＜たたき台のデザイン＞【文献研究、ワークショップ参加、面接調査】
フェーズⅢ	＜試行と改良＞【研修の実施、質問紙調査、経過記録調査】
フェーズⅣ	＜普及と誂え＞【研修の実施、HPやブログによる広報、学会発表、会誌での発表、専門雑誌に記事掲載、専門書およびガイドブックの出版等】

各フェーズの【 】のなかに示したものは、それぞれのフェーズで用いた研究方法である。順次、各フェーズを説明していく。

フェーズⅠは、新しい介入アプローチに対するニーズがあるかどうかを確認する位相である。ここではまず、高齢者虐待に関わる援助職の困難感について、文献を通して改めて確認した。医療経済研究機構が実施した全国調査『家庭内における高齢者虐待に関する調査』(2003年)によれば、調査協力者(在宅介護支援センター、居宅介護支援事業所、各種サービス事業所、市町村保健センター等の職員)の全体の約9割が、虐待の対応が困難であると答えている。その困難さの理由の上位3項目(複数回答)は、「虐待している人が介入を拒む」(38.2%)、「技術的にむずかしかった」(33.6%)、「立場上むずかしかった」(30.3%)

であった(医学経済研究機構. 2004)。また、藤江が地域包括職員を対象に行った調査(2009年)でも、全体の56.6％が「非常に困難を感じた」、43.4％が「多少困難を感じた」と答えている。そして、困難を感じた人の90％以上が、その理由として「虐待者が介入を拒む」「援助職としての自分の技術不足」「家庭内という密室性の問題」をあげている（藤江. 2009)。

　援助職が困難感を強くもつようになった背景には、典型的な高齢者虐待事例のイメージが変化してきたことが考えられる。1章1節でも触れられているように、1990年代に実施された複数の高齢者虐待に関する実態調査は、もっとも多い虐待者は息子の妻であり、虐待種類のなかでは世話の放棄（ネグレクト）が多いこと、介護負担感やストレスが虐待の主要な原因の1つであることを示していた。そうした実態を背景に、私たちも、また、私たちが知る当時の虐待事例に関わっていた自治体や在宅介護支援センターの職員たちも、息子の妻によるネグレクトを高齢者虐待の典型事例としてイメージしていた。だが、上記の2003年に実施された全国調査や、2006年度から厚生労働省が毎年度発表している「高齢者虐待の防止、高齢者の養護者に対する支援等に関する法律に基づく対応状況等に関する調査結果」は、もっとも多い虐待者は息子であり、虐待種類は心理的虐待、世話の放棄と並んで身体的虐待が多いことを示すようになった。こうした実態は、自治体職員や地域包括職員の典型的な虐待事例のイメージを、息子による身体的虐待に変える。虐待のイメージが、息子の妻による介護負担感や介護ストレスによる世話の放棄であるのなら、息子の妻の「グチ」やつらさを聴き、ケアサービスの導入を図ることで、虐待対応を行うことができると考えることができる。だが、虐待のイメージが、中年の息子によるよくわからない理由からの身体的虐待というものになれば、その多くが女性である援助職はそれだけで高齢者虐待に怖さや不安を感じるであろう。実際、そうした家庭を訪問することになり、その息子や高齢者本人が訪問や話し合いを拒否するようであれば、対応に困難を感じるのは自然である。

　虐待者や高齢者本人が介入を拒否すると（特に、虐待者が強く拒否をすると）、援助職はどう関わってよいかわからないと思い、対応に困難を感じてしまう。その困難感は、「なるべくなら関わりたくない」という回避感情を引き起こす。こうした回避感情をもったままの対応は、虐待者の援助職・援助機関に対する不信感や拒否感情を強化しかねず、それがまた、援助職の困難感や回避感情を強める。その結果、適切な支援が遅れたり、虐待者や高齢者本人が納得しないまま支援が実施され、彼らにとって必ずしも益とはいえない結果がもたらされてしまう。そうした事態は、虐待者や高齢者に不満や怒りをもたらし、抗議活動を生じさせかねない。虐待者や高齢者のそうした行為を受けると、援助職は当該事例を「困難事例」とラベリングし、対応がうまくいかないことを虐待者や高齢者の責任として捉えがちになる。そうなれば、高齢者や家族の不信感や拒否感情はさらに強化される。

　虐待状況を認めず介入を拒否するような虐待者や高齢者と援助職との関係は、このような悪循環に陥ってしまう危険性を抱えた相互作用である。この悪循環のままでは、相談援助関係をつくることができない。つくることができなければ、虐待の悪化を防止できないばかりか、事態をよりひどくさせてしまう危険性がある。ここでいう相談援助関係とは、まずは、高齢者／虐待者が抵抗感や拒否感を弱め、この援助職となら多少話をしてもよい、と思って

もらえるような関係のことである。そして、状況改善の必要性の認識や状況改善の意欲をもち、援助職と一緒にその方法を話し合えるようになっていく関係のことである。援助職は、高齢者のリスクと安全に気を配りつつ、高齢者／虐待者とのこうした相談援助関係をつくっていくことが求められている。

しかし、1章2節で見たように、既存の高齢者虐待への介入アプローチ／実践モデルに、こうした虐待する家族や高齢者との関係づくりや状況変化への意欲引き出しに役立つような面接援助に焦点を当てたものは見当たらなかった。

2. フェーズⅡ〈たたき台のデザイン〉

フェーズⅡでは、高齢者虐待への新しい介入アプローチのたたき台をデザインするため、文献研究とワークショップへの参加、そして関係者への面接調査を行った。

(1) 文献研究

参考になりそうなモデル・アプローチとして、加害への取り組みモデルと子ども虐待への介入アプローチについて検討した。

中村によると、犯罪者や保護観察を受けている加害者に対する支援モデルとしてGLM（Good Life Model：生きがいモデル）というものがある。これは、これまでの加害者臨床アプローチに代わるものとして提示されている。これまでの伝統的な加害者臨床アプローチは、矯正教育的なアプローチとしてのRNRモデル（Risk-Need-Responsibility：リスク・ニード・レスポンシビリティ）であった。このモデルでいうリスクとは、自他に有害な結果をもたらす可能性で、害をもたらす主体の存在とその主体とむすびついて発生する危険のことである。ニードとは犯罪と親和的な態度、問題解決能力の貧しさ、薬物問題、犯罪組織との関係などの犯罪誘因的ニーズを指す。レスポンシビリティは、処遇内容・形式と加害者のパーソナリティ、あるいは、学習スタイルとの適合性を指す概念である。RNRモデルは、この3つに対して働きかけるモデルである。このモデルによる実践で重視されるのは、①認知行動的な指向性をもつプログラム、②更生に向けて特定化された目的や課題の高度な構造化、③訓練されたスタッフ、④処遇の一貫性担保のためのプログラムの経時的な点検、⑤マニュアルの整備、⑥リハビリテーションの思想、などであって、心理教育プログラムとしての側面が強い。

しかし、加害者のリスクだけに焦点を当てて変化を動機づけようとするRNRのやり方には無理がある。人は社会的相互作用を通して、自分を意味づけていく力をもった主体である。この個人のもつ「ストレングス」に依拠し、援助者との治療同盟関係にも効果的で、加害者の変化への動機づけにも貢献するモデルとして、GLMが開発された。GLMは、ある特定の人間的な価値の獲得を促進させることで、犯罪誘因的ニーズを縮減させることを目指す。GLMに基づく実践の過程は、クライエントの、①犯罪誘因的ニーズは何かという問い

による臨床的課題の発見、②どのような人間的価値（関係性の希求や帰属意識の涵養など）を実現しようとしていたのかについて、また、世界観やリスクレベル等の確認、③ストレングスや肯定的な生活経験の探求、④本来の価値の実現が逸脱的形態となってしまうという生活の仕方の見極め、⑤自分が育った過程の言語化を通し、自己の環境についての理解を深化、⑥実現させたかった価値実現のためのライフプランの樹立、を支援していく（中村．2010）。

　GLMは、加害者と援助職との相談援助関係形成に効果的で、加害者の変化への動機づけにも貢献するモデルであるから、虐待する家族との関係づくりに役立つ可能性がある。しかし、このモデルはしぶしぶでも逸脱行動を認め、カウンセリングの場に登場している加害者を対象としている。また、地域包括職員や居宅介護支援事業所の介護支援専門員等の間には、虐待や不適切なケアをしている者であっても、高齢者をケアしている家族を「加害者」とみなすことに抵抗を感じる人が少なくない。よって、このモデルを援助職に役立つ新しい介入アプローチとするには無理がある。

　他方、子ども虐待への対応アプローチに、わが国でも近年関心が強くなっているアプローチとしてサインズ・オブ・セイフティ・アプローチがある。これは、ターネルとエドワードが、児童保護の専門職は、児童虐待やネグレクトを疑われたあるいは確認された親とのパートナーシップをどうやって築くのか、という問いに答えるべく開発したアプローチである。これは、ブリーフセラピーの基本的考え、つまり、援助職が変化を促進するもっともよい方法はクライエントと協力関係を築くこと、という考えに基づき、解決志向アプローチの技法を用いて、危険にさらされている子どもの調査という緊張状態で親との協力関係を発展させるために開発されたものである。彼らは、児童相談所のワーカーにトレーニングを行いながら、本アプローチを洗練化させていった。

　ターネルらによれば、「サインズ・オブ・セイフティ・アプローチとは、ワーカーが家族に対して心を開いて尊重することができる文脈をはぐくみ、安全性を築くための潜在的なパートナーシップとして家族に接近しながらも、危険や被害にはっきりと注意を向けて考え実践していく方法を提供するもの」である（Turnell & Edwards．1999＝2007）。彼らは、家族と一緒に取り組むことが事態を改善し、子どもをより安全な状態におくことにつながるという希望と信念に基づき、家族とのパートナーシップを樹立するための実践原理を12あげている。

　①　一緒に取り組むのに値するパートナーとして利用者を尊重すること
　②　虐待に協力するのではなく、人と協力すること
　③　強制が必要な場合であっても、協力は可能であると認識すること
　④　すべての家族が安全のサインをもっていると認識すること
　⑤　安全に焦点を合わせ続けること
　⑥　利用者が望んでいることを教えてもらうこと
　⑦　常に細部まで調査すること
　⑧　小さな変化を生み出すことに焦点を合わせること

⑨　ケースの詳細と判断とを混同しないこと
⑩　選択肢を提供すること
⑪　面接を変化に向けた対話の場として扱うこと
⑫　実践原理を前提としてではなく、望ましい姿として扱うこと

　これらは、サインズ・オブ・セイフティ・アプローチの基本的考え方といってよい。彼らは、児童虐待についてはすでに起きている危害や起こりうる危害、家族の欠陥に関する情報を収集しなければならないのは当然であるが、臨床像についてバランスを保つためには、過去、現在、そして将来に存在する安全、有能さ、強み（ストレングス）に関する情報を得ることも不可欠であるとする。そして、解決志向アプローチの技法を取り入れた、以下の6つの実践技法の解説を行っている。

①　家族1人ひとりのポジションを理解すること
②　マルトリートメントに対する例外を見つけること
③　家族の強さと資源を発見すること
④　ゴールに焦点を合わせること
⑤　安全や改善を尺度で評価すること
⑥　家族の意欲、自信、力量を評価すること

　サインズ・オブ・セイフティ・アプローチは、解決志向アプローチの基本的な考え（信念）に基づいて、虐待する家族との協力関係を、「例外」探しやストレングスの発見、家族自身によるゴール＝解決像（家族を動機づけるもの）の構築といった具体的な方法によってつくっていく方法である。この方法は、高齢者虐待事例を前に困難感や回避感情をもつ援助職にとって、高齢者本人や家族、特に虐待する家族との援助関係形成に役立ち、自己効力感を高めていく可能性をもっているのではないか。私たちは、この考え方と面接技法を取り入れることで、目指すアプローチの開発が可能ではないかと考えた。

(2)　ワークショップ参加と面接調査

　サインズ・オブ・セイフティ・アプローチの創始者であるターネルらを招聘して行われた子ども虐待へのワークショップ、森・黒沢の解決志向アプローチのワークショップに研究会メンバーの副田と土屋が参加した。両アプローチについて、その考え方と技法を体験学習した結果[1]、この2つのアプローチをもとに高齢者虐待への介入アプローチを作成すれば、高齢者虐待に取り組む援助職に役立つと実感した。研究会メンバーの長沼は、従来から解決志向アプローチに基づくブリーフセラピーを民間機関で実施している。その長沼を中心に解決志向アプローチの考え方や技法をもとに高齢者虐待事例に関わるとしたら、どういう関わり方がありうるのか、研究会メンバーで検討した。

　その後、高齢者虐待事例に関わってきたベテランの援助職3名（2つの自治体の行政職員各1名と民間法人委託の地域包括職員1名）に、日頃実践している虐待事例への対応手順や面接方法等について半構造化面接を行った。その結果、熟練した援助職の実践においては自然な形で、つまり無意識のうちに、解決志向アプローチの考え方と技法のいくつかを使って

いることがわかり、これらが高齢者虐待事例への介入に適用可能であるという確信を得た。

そこで、解決志向アプローチとサインズ・オブ・セイフティ・アプローチの考え方に基づいて、また、それらの技法を活用して高齢者虐待事例に介入していくということはどういうことかを、援助職にわかりやすく伝えるためのツールと研修プログラムを作成することにした。①相談・通報を受けた時点、②事実確認と関係づくりのための家庭訪問の時点、③プランニングのための家庭訪問の時点、④関係者によるケースカンファレンスの時点、⑤プランニングのための再訪問の時点、で活用できる、解決志向アプローチとサインズ・オブ・セイフティ・アプローチの考え方に基づいたシートの開発、そして、それらのシートを活用した面接技法の学習が可能となる研修プログラムの開発である。各シートは、それを見ながら質問をしたり、家族や高齢者本人にシートを見せながら質問をしていくことで、解決志向アプローチの考え方に基づいた質問ができるように工夫した。

図表3-1-2に示したように、①の時点でまず活用するのが、危害リスク確認シートと安全探しシートである。この2つのシートは、②の事実確認の時点でも活用できるし、③の掘り下げた情報収集を行う時点でも④のケースカンファレンス時でも、必要に応じて活用可能である。②の時点で対話を進める技法を用いて、虐待する家族と少しでも話しができるようになれば、タイムシートを活用する。このタイムシートは、研究会メンバーの1人である土屋も参加していた「生活時間様式研究会（代表：小林良二）」が作成したシートを、代表者に了解を得たうえで活用させていただいているものである。

図表3-1-2　AAAのステップとツール

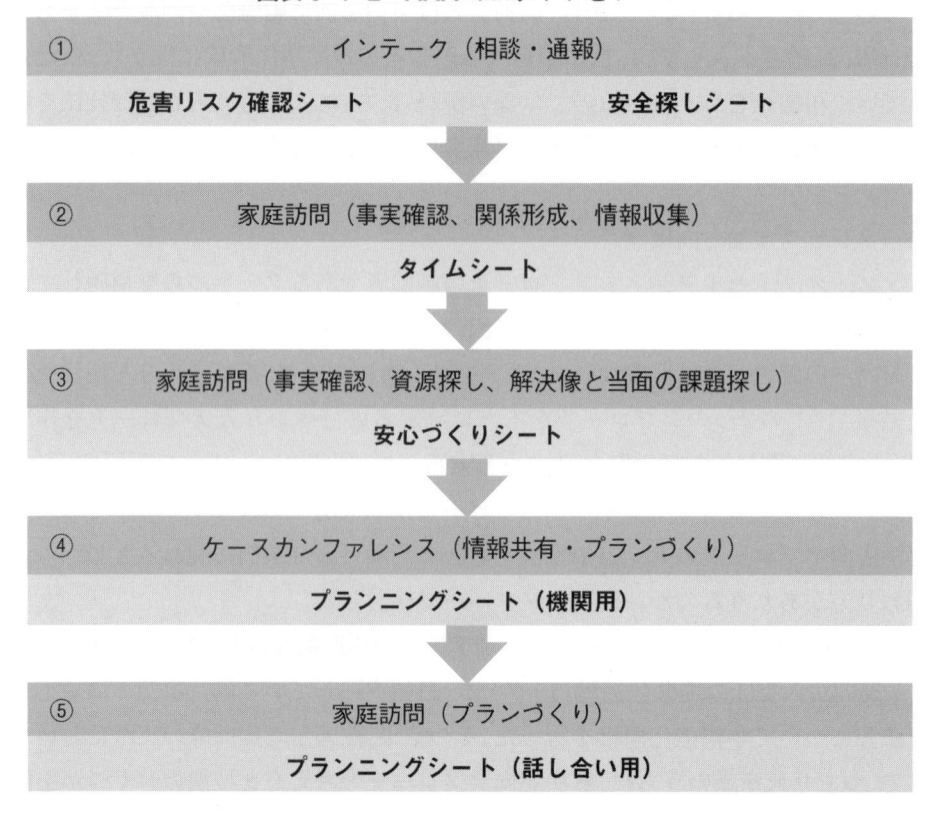

①	インテーク（相談・通報）
	危害リスク確認シート　　　　安全探しシート
②	家庭訪問（事実確認、関係形成、情報収集）
	タイムシート
③	家庭訪問（事実確認、資源探し、解決像と当面の課題探し）
	安心づくりシート
④	ケースカンファレンス（情報共有・プランづくり）
	プランニングシート（機関用）
⑤	家庭訪問（プランづくり）
	プランニングシート（話し合い用）

③のプランニングのための掘り下げた情報収集時点で、安心づくりシートを用いる。④関係者によるケースカンファレンスの時点では、プランニングシート（機関用）を活用し、⑤プランニングのための家庭訪問では、プランニングシート（話し合い用）を活用する。事例によっては、プランニングのための家庭訪問を先に行い、その後、関係機関がプランニングシート（機関用）を活用してケースカンファレンスを行うということもあり得る。

　これらのシートに盛り込んだ項目内容については2節で、これらのシートを活用した介入の流れについては3節で、この介入アプローチを援助職に伝える研修プログラムについては4節で説明を行う。また、介入アプローチ開発研究のフェーズⅢ（試行と改良）については4章で、フェーズⅣ（普及と誂え）については終章で記述する。

　私たちは、これらのシート開発と研修プログラム開発を行った時点で、このアプローチを「安心づくり安全探しアプローチ」（略称、AAA：スリーエー）と呼ぶことにした。

▶注

1）第12回子ども虐待防止シンポジウム事業体事務局主催「サインズ・オブ・セイフティ・アプローチ（SoS）への転換〜パートナーシップを大切にした介入の実践〜」（2009年10月31日、11月1日、東京医科歯科大学）に、副田・土屋が参加。KIDSカウンセリング・システム研究会主催「春季研修　解決志向ブリーセラピー中級」（2010年3月27〜28日、中野サンプラザ）に、副田が参加。日本ブリーフサイコセラピー学会第7回地方研修会主催「ワークショップで学ぶ未来・解決志向ブリーフセラピー」（2010年2月6日、場所熊本県総合福祉センター）に、副田・土屋が参加。

2節 開発したシート

1. 危害リスク確認シートと安全探しシート（→資料編134・135ページ）

　危害リスク確認シートと安全探しシートは、高齢者虐待について相談・通報を受ける行政の相談・通報窓口の職員や、地域包括職員が、相談・通報時に利用するものとして作成した。介護支援専門員（ケアマネジャー）が、デイサービスセンターやホームヘルパーから相談を受けた際にも、もちろん活用可能である。また、行政職員や地域包括職員が、総合相談として受けていた話を途中から虐待かもしれない、と感じた場合にも使うことができる。

　さらに、これらのシートは、先述したように、相談・通報の時点だけでなく、事実確認のための訪問調査時にも活用できる。訪問の前にこれらのシートを見ておき、訪問時には既存情報を確認するとともに、それ以外の情報を収集するようにする、あるいは、調査訪問から帰ってから、新たに収集した情報をもとにこのシートを記載し、職場内ミーティグ等で活用する、といった具合である。

　危害リスク確認シートは、「危害状況（虐待の事実、おそれ）の確認」のための5つのカテゴリーに分けられたチェック項目と、「リスク（状況を複雑化する要因）の確認」のための3つのカテゴリーに分けられたチェック項目とから成る。前者は、頭部外傷などの重大な結果が起きているかどうかなど、すでに起きている危害の状況や、起きているのではないかというおそれを示す状況を確認するチェック項目である。後者は、認知症の程度など虐待を受けている高齢者の状況や、虐待者の被虐待者への否定的な感情や重い介護負担感など、虐待している人の状態を、そして、2人のみの世帯か他の親族等は無関心かなどの家庭状況をチェックする項目である（資料編134ページ参照）。

　このシートは、副田が高齢者虐待防止法成立の前年に、厚生労働省の『児童虐待の手引き』にあるアセスメント・シートを参考に作成した「高齢者虐待リスクアセスメント・シート」を改変したものである[1]。改変した主な点は以下の通りである。

　以前は、危害状況のチェック項目もリスクのチェック項目も同列に並べ、重い危害状況を示す項目にチェックがつけばリスク要因があろうとなかろうと「レッド」レベルとして緊急対応を、中軽度の危害状況を示す項目にチェックがつけば「イエロー1」レベルとして保護か集中的援助を、危害状況は特段見出せないが、リスク要因にいくつかチェックがつくなら「イエロー2」レベルとして継続的支援を検討するという目安に使う、としていた。しかし、虐待の結果起きている危害状況と、危害状況を複雑化し、悪化させるかもしれないリスク要因のある状況とは別である。そこで、新しいシートでは、「危害状況（虐待の事実、おそれ）」を確認するパートと、「リスク（状況を複雑化する要因）」を確認するパートの2つに分けた。危害とリスクを分けることは、ターネルが作成したサインズ・オブ・セイフティアプロー

チ解説のDVDのなかで彼が指摘している[2]。リスクを危害の原因として捉える視点を排し、将来の安全の構築に関わる要因として捉えるためと考えられる。

　相談・通報が、虐待が疑われるものである場合、その虐待の事実について情報収集すること、また、その事実がさらに悪化するおそれがあるのかどうか、悪化させるようなリスク要因を確認することは非常に重要である。だが、こうした危害状況とリスク要因に関する情報だけでは、一般的な無力で保護すべき人といった被虐待者イメージと、攻撃的な、あるいは弱い存在に無関心な冷たい人間といった虐待者イメージが、援助職のなかにも定着してしまいかねない。そうでない場合であっても、虐待者へは否定的なイメージしかもつことができない。これでは、訪問調査について不安が強くなり、できれば避けたいという気持ちにもなってしまう。こうした気持ちを弱めるためには、虐待者への否定的イメージを少しでも中和する必要がある。その方法が、ターネルらのサインズ・オブ・セイフティ・アプローチに基づいて作成した、安全サイン探索のための安全探しシートの活用である。

　ターネルらのサインズ・オブ・セイフティ・アプローチでは、「安全サインのアセスメントとプランニング様式」を用いて、危害状況やリスク要因の把握とともに、安全サインの確認、すなわち、問題が起きても不思議ではないのに起きないでいた「例外」状況や、虐待者・被虐待者のストレングス、資源等といった、安全を示す諸側面を確認することを援助職に求めている。この様式は、危害状況や安全サインを文章で記述する欄、そして、安全性を判定する尺度、目標（機関の目標、家族の目標）と当面の課題を記述する欄から成る[3]。

　相談・通報者の話を聞きながら、安全サインを見出していくための質問を柔軟に行っていくには、ターネルらの様式のように自由記述欄の設定でよいかと当初考えた。だが、高齢者ケアに携わる援助職は、チェック項目から成るケア・ニーズのアセスメント・シートなどに慣れていると思われたので、自由記述欄ではなくチェック項目を設定した安全探しシートを作成した。安全探しシートの上半分は、エコマップや相談・通報者等を記述する欄とした。下半分には、虐待を受けている高齢者と虐待をしている家族員の自己資源と援助資源について、また、家庭状況全体の内的資源と外的資源についてチェックできるよう項目を設定してある（資料編135ページ参照）。

　この安全探しシートを活用して、被虐待者や虐待者の、さらに、家庭全体の強みや資源を見つけることによって、否定的な側面だけではない、肯定的な側面ももった虐待事例のイメージをもつことができる。もし、安全サインとなるものをまったく、あるいはほとんど確認することができないようであれば、危害状況がさほど深刻なものでない場合でも、要注意のイエロー事例として扱う必要がある。

　安全探しシートで見出したストレングスや資源に関する情報は、被虐待者や虐待者と話を始めて行う際の雑談のなかで使っていくことができる。

2. タイムシート（→資料編136ページ参照）

　タイムシートは、相談通報等を受けた当該世帯を家庭訪問する行政職員、地域包括職員が面接時に活用するシートである。危害・リスク・安全についての確認、次いで家族の困難ニーズについての初期のアセスメント、さらには、虐待対応のプロセスをスムーズに進めるために必要な援助職と高齢者本人・家族との間の良好な関係形成の3つの目的のために使用することとした。もちろん、ケアマネジャーが、毎月の訪問時に虐待の疑いがあるケースや支援困難ケースに対して使うことも可能である。

　高齢者虐待事例においては、援助職の介入や支援を拒否する家族も少なくない。訪問してすぐにタイムシート面接を行うことがむずかしい場合は、何度かの訪問を繰り返すなかで、相手とある程度の会話を交わすことが可能となった時点で活用することが望ましい。なお、先述したように、このシートは生活時間様式研究会（代表小林良二）において作成されたシート「様式A」を、研究会の許可を得て若干の修正を加えたうえで使用しているものである。

　シートは、縦軸に24時間の枠をとり、横軸に本人、家族の生活、サービス・社会資源の3つの項目に分けている（資料編136ページ参照）。面接の流れとしては、まず、高齢者本人・家族の起床から始まる1日24時間の生活と介護の内容を、時間を追い丁寧に聞きながら記述していく。その際は、介護している状況について具体的に尋ね、工夫が見られればそれをねぎらっていく。また、併せてサービス・社会資源の活用状況についても24時間に渡って把握し、本人、家族、サービス・社会資源の重なり方に着目する。

　たとえば、要介護3以上の高齢者とその家族で、かなりの介護が必要であるにもかかわらず、本人・家族の生活時間がまったく重ならず、さらにサービスの利用もまったく見られない状況が生じていたとする。ここでは、当然ネグレクト状態が予測されるが、援助職はネグレクト状態のみを把握するのではなく、タイムシートを活用しながら、高齢者と家族の起床から始まる1日の生活について質問を重ねていく。そのなかで、家族の小さな努力が見つかれば、そのことについてねぎらいを返す。そして生活の細部を把握し、現状についての家族の認識、対処方法などを尋ねていく。これらの対話のなかで、本人・家族の生活の全体について可視化が可能となり、危害、リスク、安全のサインがバランスよく把握される。また、同時にどのような支援の可能性が考えられるか、支援の糸口も見えてくる。さらに、こうしたプロセスを重ねるなかで、家族から介護の「大変さ」「工夫している点」「歯がゆい思いをしている点」などが語られることとなる。それらの言葉は、援助職が本人・家族の置かれている状況を共感的に理解することを可能とし、援助職は語られた言葉に対して、自然に「ねぎらい」を返していくことができる。具体的事実に基づいて、共感的なねぎらいや称賛の言葉を返されることで、家族も援助職に対して打ち解けることが可能となり、両者の間の関係形成が進むことになる。

3. 安心づくりシート（→資料編139ページ）

　安心づくりシートは、暴力、暴言など不適切な行為の存在が、あるいはネグレクト等の適切な行為の不在が、当事者と援助職の間で共有された段階で用いることを想定した面接シートである。

　安心づくりシートには4つの内容を設定した。《心配なことが起こりやすいパターン》、《例外的な／なんとか（うまく）やれた場面の確認》《その他》、それに面接後に記入する《援助者として感じたねぎらいポイント》である。シートのなかにそれぞれの記入欄を設け、右側にはその考え方、話の進め方のガイドや質問例を小さな文字で書き添えてある。各欄の設定目的と使い方を概説する。

　最初の《心配なことが起こりやすいパターン》の部分については、問題事象の発生したときのパターンについて、援助職と当事者の間で共有できる事実の言葉で記述することを目的としている。因果関係や単独の原因を暴くことが目的ではなく、事実状況をできるだけ客観的な言葉で語り合うことが狙いである。サインズ・オブ・セイフティ・アプローチでは、「HARM STATEMENT（危害に関する記述）」の作成を丁寧に行っている。つまり「加害者」である家族と援助職が合意できるスタートに立つために、合意できる文言で「何が起こったか」を記述することは重要な支援のプロセスなのである。「何が起きたか」に関する表現を曖昧なままにしておくと、支援のなかで「言った、言わない」「やった、やっていない」といった不毛な論争が生じやすくなる。それをあらかじめ防ぐためにも「何があった」という客観的な事実の連鎖のことばで、《心配なことが起こりやすいパターン》を明確にする必要がある。

　ここでの〈心配なこと〉は、暴力や暴言等不適切な行動に関する暗喩である。ネグレクト等により予想される望ましくない結果を話し合うために用いることもできるだろうが、開発時の意図としては暴力や暴言等の問題となる行動を想定している。この〈心配なこと〉の記述の仕方は、システムズアプローチ等の家族療法の手法から文脈を円環的因果律で整理して把握するという考え方や、認知行動理論の考え方を参考にした。ただし家族療法にせよ認知行動理論にせよ、何十年もの長い時間をかけて編み出されてきた深い理論体系が背景にある。それをすべて取り込んだ形でシートを開発するのは困難であった。そこで、出来事の記述の仕方を〈場面の背景・流れ〉、〈きっかけ〉、〈心配なこと〉の3点に絞って記入する様式とした。

　〈場面の背景・流れ〉の部分では、「夜間で1日の疲れがたまっていた」「認知症について、少しでも治ってほしい」等、問題状況のバックグラウンドになる部分である。いくつかのステップにさらに分けて記述することも可能であろう。〈きっかけ〉は、問題行動ないし問題となった状況を引き起こしたきっかけとなる出来事である。「忙しく家事をしている間に本人が訳のわからないことをしつこく話しかけてきた」「夜間に本人から暴言を吐かれた」「本人が泣きながらもう生きていたくないと言った」等と、直接的な引き金となるエピソードである。客観的に観察可能な行動としてのエピソードだけではなく、感情や思考といった

加害者側の認知や感情的な要素を含めることもできるであろう。最後に〈心配なこと〉であるが、問題行動ないしその結果として生じた望ましくない事態を記述する部分であり、一番焦点となる部分である。一度「殴った」「突き飛ばした」等と話したことがあっても、その後に発言を翻したり表現を変化させて軽く扱おうとしたりすることは少なくないだろう。ここではぎりぎりまでお互いに納得できる表現を確認して行くことが必要である。できれば否定しがたい事実の表現がよい。たとえば「デイサービスで腕にあざがあるのがみつかった」「過去に2回、救急車で病院に行くことになった」等の他者から観察された事実の言葉を考えるのも1つの方法であろう。「イライラして怒鳴ってしまった」「ついカッとなって手をあげてしまった」等、加害者自身が使った言葉をそのまま使うことも可能であろう。援助職から「虐待」「暴力」「暴言」「殴打」等と非日常的な硬い、かつ深刻な印象を与える言葉は決して使うべきではない。

　さて、次の《例外的な／なんとか（うまく）やれた場面》は、サインズ・オブ・セイフティ・アプローチでいうところの〈強み〉に当たる部分である。最初の《心配なことが起こりやすいパターン》について話し合った後に重ねて〈強み〉に焦点を当てていくことは、実は援助職にとってハードルが高い可能性がある。そのため単純に「良い場面を探そう」と提案すると、まったく問題とは関係ない部分だけを話し合い、前の部分との連続性が途切れてしまう可能性がある。ここでは、「問題」があるからこその「例外」ということを意識するためにあえて《例外的になんとかうまくやれた場面》に注目する枠組みを提示している。そのときの状況と「心配なことが起こるとき」との差異に注目するようにしている。この差異の検討から、「例外」をつくり出している家族のなかにあるリソース（資源）を探索していくことができる。この探索のための質問例を右の注釈欄に記載している。

　次の《その他》では、家族関係の歴史や、本人や家族が大事にしている価値観、サポートネットワークについて幅広く情報収集を行うことを目的としている。複雑な家族事情の場合には、家族の歩んできた歴史をたどって支援に生かすことは重要である。また、支援の「糸口」や「地雷」（言ったりやったりしてはならないこと）に気づくためにも、譲れない価値観やこだわり、サポート資源の情報を整理することも有用である。本欄は重要な情報収集ポイントであったが、その重要性と活用方法についてのガイドが不十分であったため、研修と試行を経てのちに改訂している。それについては後の4章4節で述べることとする。

　最後に、ねぎらいポイントを整理し、面接全体を概観する欄を設けている。

4. プランニングシート（機関用）（話し合い用）（→資料編141・142ページ）

　プランニングシートは、今後の支援計画を話し合うための情報整理の枠組みとして開発した。本人や家族を交えて話し合う時のための「話し合い用」と関係機関のスタッフ同士で話し合う時のための「機関用」に分けて開発している。基本的なコンセプトは同じだが、同席する対象に合わせて用いる用語に変化をつけたため、2つのシートに分けてある。

プランニングシートの構成を概観すると、最初に(話し合い用)であれば《うまくいっていること・安心なこと》《気がかりなこと・大変なこと》《心配なこと・繰り返したくないこと》のマトリックスがある。これは、これまで話し合われてきた情報を再整理していく欄である。《うまくいっていること・安心なこと》で安全探しシートや例外について話し合われた情報をピックアップしていくとともに、《気がかりなこと・大変なこと》で、問題行動やリスクについてピックアップしていくことができる。さらに《心配なこと・繰り返したくないこと》では、早急に対応を要することや二度と行われるべきではない暴力や暴言についてあげることができる。問題やリスクだけではなく、強みについても繰り返し伝え続けることが重要である。ピックアップしていくうちに、さらに情報が追加されることもある。(機関用)では、マトリックスの構成はほぼ同じだが、表題のみ《できていること》《心配なこと》《危険なこと・対策が必要なこと》とより曖昧さを排除した表現としている。
　次の欄は、現状を評定する欄である。《もっとも大変な状態／深刻な状態を0点、十分安心して満足できる状態を10点とすると、今の状態は何点でしょう？》と尋ね、さらに(話し合い用)では、〈ご本人は？　ご家族は？　援助職は？〉との問いかけを、(機関用)では〈援助職ごとに書きましょう。本人・介護者の評価も書けたら書きましょう〉と記載している。数値化してもらうことで、それぞれの主観的な現状評価を共通の土台で確認していくことができる。特に重要なことは「同じ得点にそろえないこと」である。立場が違えば、見方が異なるのは自明の理であり、これを同じにそろえようとすることにむしろ葛藤と対立が生じる。立場の違いによる数値の違いを事前に前提として位置付け、その数値の違いを情報の違いと考えて、数値が違ったら「あなたは、私たちが気づいていない情報やモノの見方をもってらっしゃると思いますが、教えていただけますか」と尋ね、上記のマトリックスにさらに情報を追加していくこともできる(得点が高い場合は、おおむね〈できている〉〈うまく行っている〉情報に追加がなされることが多く、逆の場合は〈心配なこと〉に追加がされることが多い)。また数値は、「現状でも何点かはある」という評価の確認になることも多い。全員が0点で一致することは決して多くない。困難な状況であっても「まだ0点ではない」と確認することは励みになりうる。また全員が0点に近いのであれば「四の五の言わずにすぐ安全のために行動しよう」と覚悟を高める素材ともなりうる。従って、本人、家族の1人ひとり、援助職の立場それぞれの視点を共有していくことが重要である。同席していない援助職についても「ヘルパーの○○さんがいらっしゃったらなんと言うか」等と考えてみることで、視点を少しでも広げていくことができるだろう。
　次は目標に関する話し合いである。(話し合い用)では、《生活全般についてどうなっていたらよいでしょう？　10点満点の満足した生活というのはどういう状態ですか》という問いかけが記載してある。ここで重要なのは「喧嘩しない」「怒鳴らない」といった空疎であまり役に立たない目標を話し合うことではなく、現実的にどのような「状態」が実現したら良いかを話し合うということである。目標の話し合いは実はむずかしい要素をはらんでいる。援助職はしばしば「サービスの利用」を目標に位置付けがちであるが、サービスの利用は単なる「手段」であり、場合によっては家族の負担を増やすことにもつながっているため、

サービスの利用を「目標」と位置付けるべきではない。ここで話し合いたいのは、サービスの利用という手段を活用して（あるいはせずに）、どのような〈状態〉を達成したいか、という点である。「手段」ではなく「状態」を話し合うというのがこの部分の1つのカギである。第二のカギは、「否定系ではなく肯定系で語ること」である。文句を言わない、喧嘩をしない、怒鳴らない、叩かない、といった目標は、実は〈状態〉を記述する言葉としては不十分である。〈状態〉を記述する言葉として必要なのは何かが不在かどうか、ではなく、何が存在しているか、だからである。そのためには否定系で語られた目標に対しては「代わりに何がありますか」と丁寧に確認していく作業が必要不可欠となる。目標をこのように丁寧に話し合っていくと、そこで描かれる目標は極めて個人的な語りとなりうるため、本人、家族の1人ひとり、また援助職の1人ひとりの目標について丁寧に確認することは重要である。（機関用）には〈ご本人／ご家族が語った目標〉と記述できる欄を設けている。

　次に《当面の目標探し》である。（話し合い用）も（機関用）も、ここでは関係者のそれぞれが、すでに描いた〈望ましい状態〉に向かって「当面」のよい変化の兆しを探していくプロセスを話し合う欄である。現状を位置付け、さらに目標を再確認し、そのうえでその目標に近づいている兆しとしてどのようなことが起きる必要があるのか、を話し合うためである。目標に関する話し合いを行った後で変化への意欲が少しでも高まった状態で〈何が起きる必要があるのか〉という小さな実現可能な何かを探すことが重要である。

　最後に《当面の改善のための役割分担》の欄である。ここまで丁寧に話し合うことで、目標の実現に向けて、変化の兆しを引き起こすために、それぞれができることを見つけやすくなる。その各自が見つけた「できること」を宣言して次回の振り返り予定日まで努力することができる。その意思表示のため、次回に向けた役割分担を記述し、最後に〈次回振り返り予定日〉を定めることができる。

　プランニングシートはこのように、情報の再構成と現状の再評価、目標設定のプロセスを丁寧に行うためのものであった。しかし情報の再構成が手間取ること等の課題もあったため、研修と試行を経て大幅な改訂を行った。この点についても4章4節で記述する。

──────────────── 注 ────────────────

1)　この「高齢者虐待リスクアセスメント・シート」は、副田が自治体の研修で紹介したり、副田の個人サイトに掲載した結果、そのまま、あるいは多少修正して東京都や富山市などいくつかの県や市町村の高齢者虐待防止マニュアル等で採用されることになった。当初のシートを若干修正し、最終的に「危害リスク確認シート」とした。

2)　Turnell, A. 2001. New & Revised Introduction to The Signs of Safety：Approach to child protection casework（DVD）

3)　Turnell, A. は、近年、この様式よりも何も書いていないシートに、縦3本の線を引いて3つのパーツを作り、うまくいっていること（安全サイン）、心配なこと（危害状況、リスク等）、こうあってほしいこと（目標）を、クライエント等に質問しながら記述していくという方法も提示している（第12回子ども虐待防止シンポジウム：サインズ・オブ・セイフティ・アプローチへの転換──パートナーシップを大切にした介入の実践──プログラム［2009年10月31日～11月1日］における講演にて）。

3節　「安心づくり安全探しアプローチ」の全体像

1. 安心づくり安全探しアプローチ（AAA）の実際

　AAAは、相談・通報からプラン作成までの流れを、aインテーク（相談・通報時情報確認）→b事実確認と関係形成のための家庭訪問→c安心づくりのための家庭訪問→dケース会議（プラン原案検討）→eプランニングのための家庭訪問、として捉える。なお、先述したように、AAAではc→e→dという流れもあり得ると考えている。各ステップでは、開発したシートを用いて、家族（および高齢者本人）との関係づくりと、家族の対処可能感の向上や状況変化への意欲促進を、そして、援助職の対処可能感の向上と困難感の緩和を図る。このアプローチの流れと各ステップで用いるシートを図表3-3-1に示した。

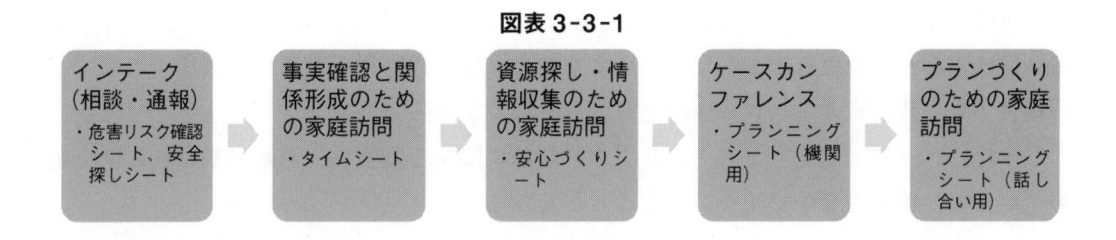

図表3-3-1

インテーク（相談・通報）
・危害リスク確認シート、安全探しシート
→
事実確認と関係形成のための家庭訪問
・タイムシート
→
資源探し・情報収集のための家庭訪問
・安心づくりシート
→
ケースカンファレンス
・プランニングシート（機関用）
→
プランづくりのための家庭訪問
・プランニングシート（話し合い用）

2. インテーク（相談・通報の際の情報収集）

　まず、電話等によってなされた相談・通報の際に相手の話を聞きながら、①危害リスク確認シートを用いて、虐待／ネグレクトによる危害の状況が緊急保護に該当するかどうか、また、危害状況を複雑化する要因としてのリスクにどのようなものがあるかを情報収集する。
　次に、②安全探しシートを用いて、虐待を受けている高齢者、虐待をしている家族の自己資源（強み・長所、能力など）と援助資源（支援者、ペット、趣味など）を把握し、安全な状況を生み出す要素（安全のサイン）をつかむ[1]。初動期において、「危害・リスク」と「安全のサイン」をバランスよく把握することにより、事実の全体的な把握とともに、今後の支援の基盤となる、よりよいコミュニケーション関係を形成する糸口を探す。
　高齢者虐待というと、虐待されている高齢者は何もできない無力な人、また、虐待をする人はひどい人、どうしようもない人、といったように、否定的なイメージをもちがちである。実際に①危害リスクシートで危害状況やリスクを確認すると、そのイメージはさらに固定し、高齢者や家族についての質問も、なぜこうした危害やリスクが生じたのかという問題の原因を探る質問に偏りがちである。援助職がこれらのマイナスイメージや問題指向の視点

を強くもつと、家庭訪問の際に、高齢者、特に虐待する家族の警戒心を解くことはできず、拒否感の強化につながりかねない。

　AAAが基盤としている解決志向アプローチは、相手のもっている強みや資源を認めて肯定し、称賛や共感をすることで、相手とのコミュニケーション関係をつくることを重視する。そのコミュニケーションは、相手に「自分も何かできるかもしれない」という可能性をもってもらうことに貢献する。そして、相手が問題が改善・解決した状況を「こうなったらよいが」という目標としてイメージできるようになり、その目標に向かって、自分のもっている強みや資源を活かして小さな取り組み課題を設定することが可能となるように対話を重ねていく。

　虐待を認めない、あるいは、介入を拒否する家族とのコミュニケーション関係を形成し、対話を進めていくためには、相談・通報を受けた段階から高齢者や家族の強み、資源は何かという視点をもつことが大切である。こうした強みや資源は安全のサインとなる。すべての家族は安全のサインをもっていると認識し、危害状況やリスクだけに目を奪われないで安全のサインを確認する。この安全探しシートを活用して、高齢者や家族の、また、家族全体の強みや資源を見つけることによって、否定的な側面だけではない、肯定的な側面ももった虐待事例のイメージをもつことができる。もし、安全サインとなるものがまったくない、あるいはほとんど確認することができないようであれば、危害状況がさほど深刻なものでない場合でも、要注意のイエロー事例として扱う必要がある。

　安全探しシートで見出したストレングスや資源に関する情報は、高齢者や家族と話を始めていく際の雑談のなかで使っていくことができる。

3．事実確認と関係形成のための家庭訪問

　家庭訪問の目的の1つ目が、危害・リスク・そして安全について確認することである。現状について、バランスよく、プラス面、マイナス面の情報を収集しながら、事実確認と緊急性の判断を行っていくことになる。2つ目が、家族の生活困難やニーズについての初期のアセスメントを行うことである。生活困難やニーズの本格的なアセスメントは、4の安心づくり面接で行うため、ここでは、アセスメントの下地となる、生活の細部に隠れているさまざまな支援の糸口を探していくことになる。3つ目が本人・家族との関係づくりである。虐待対応では、援助職と本人・家族との関わりが長期にわたって継続する場合が多い。今後の取り組みを円滑に進めるためにも、初期の時点から本人・家族との関係づくりを重視する視点は重要となる。

　訪問し、室内での面接が可能となった段階で、タイムシート面接を行う。これは、家族の行っている介護行為がいつ、どのくらいの時間や頻度で行われているか、高齢者本人と家族の生活の様子を24時間のタイムテーブルに落とし込んでいくものである[2]。これにより、援助職、家族の双方が介護状況を客観的に把握することが可能となる[3]。面接の手順として

は、まず「雑談」をしながら、本人・家族の緊張感や警戒心を緩和し、その後「ご本人とご家族の1日の生活の様子を教えていただけますか？　まずご本人は朝何時に起きていますか？　それから？」と1日の生活を具体的に尋ねていく。そのなかで、介護の状態の大変さや家族の「習慣」に表れた「小さな努力」に気づくことができたときには、こうした事実に対して「ねぎらい」（コンプリメント）を自然な形でフィードバックする。③タイムシートを用いるのは、家族の生活の暗部を暴き出すためではなく、生活のなかに浸透する本人や家族の「プラスの力」に着目するためである。これを見つけ、自然な形でコンプリメントする結果、援助職と家族の間に安心できる関係づくりが促される。また、こうした対話を繰り返すなかで、援助職は「家族の負担の大きさ」「虐待が生じる背景」に気づき、相手の置かれている複雑な状況への「共感的理解」を得ることができる。また、同時に家族自身も、「自分自身が置かれている状況を客観的に理解すること」ができ、自分自身で「解決したい生活のイメージ」をもつことが可能となる。そこからは両者の対立は生まれない。

　このように、タイムシート面接を行うなかで、本人・家族の生活ニーズが視覚化され、虐待の危害状況とリスク・安全のサインが把握される。また同時に、援助職、本人・家族との安心した関係づくりが促され、結果的に虐待予防、早期解決への糸口を得ることが可能となる[4]。

4．安心づくりのための家庭訪問

　タイムシートの活用により家族との関係性をつくることができ、虐待行為や虐待につながる危険性のある状況について話し合えるようになった段階で、④安心づくりシートを活用する。安心づくりシートは上述の通り、暴力・暴言などの不適切な行為の存在が、あるいは、ネグレクト等の適切な行為の不在が、当事者と援助職の間で共有された段階で用いることを想定したシートである。このシートは、《心配なことが起こりやすいパターン》、《例外的な場面、何とかうまくやれた場面の確認》、《その他》の項目で構成され、主として、本人や家族のもっている「力」を活用しながら面接を進めていく。

　具体的には、まず、シートの綱目にそって、まず〈心配なこと・困ったこと（虐待等）〉について確認し、その状況がどのようなパターンで生じているかを分析する。

　次いで、〈心配なこと・困ったこと〉が起きても当然であるにもかかわらず、起きずに済んだ場合（例外）について、もしくは、困ったこと、心配事が（例外的に）少しでも小さいとき、ましなとき、軽いときはあるかについて確認する。さらに、その状況は通常の状況と何が違っていたのか、何が役立っていたのか、どんな工夫があったのか、困ったこと・心配事に負けないように「頑張ってきたこと」、「何とかやってきたこと」、「大事にしてきたこと」（自己資源）、その例外が起きた理由について尋ねていく（成功分析）。

　これらの問いを行う際には、相手が語る言葉を受け止め「それで、それから」と質問を重ねながら、「大変ななか、どうしてそんなにやってこられたのでしょうか」と問いかける。「例

外的になんとかやれているとき」に注意を向けることにより、本人・家族のもっている本来の力や工夫、創造性、周囲の支援者の支え等、状況変化に役立つ強みや資源を明確にしていく。そして、ここで明らかになったストレングスについて、感心したり、称賛といったコンプリメントを行っていく。

　ところで、事例によっては、例外や強みがなかなか見つけにくいケースも存在する。しかし、見つけにくいからといって、その人に強みがないわけではない。すでに「ある」ものを丁寧に確認しなおすなかで、「ある」ものが他者によって適切に尊重され、扱われることによって、強みが本来の価値を帯び、より明確になってくるといえる。とはいえ、安心づくり面接は、暴力・暴言などの相手の暗部を共有することから出発する面接であり、本人・家族、そして援助職にとって緊張感を感じやすい面接場面となる場合もある。しかし、当事者が直面したくない場面であったとしても、その状況を誰かに一方的に責められるわけではなく、逆に例外探し、本人の自己資源の発掘に面接の主たる目的が置かれていることから、本人・家族は安心して話を続けることができ、逆に、当事者と援助職の関係性が、面接を通してより一層深まる結果となるといえる。

　さらに、ここで明らかとなった、問題のパターンの分析、当事者の強みや資源についての情報は実際の介入方針を組み立てるうえでの重要な材料となっていく。たとえば、問題のパターンの分析を行うことにより、どこでパターンを変えることができるか、マイナスの連鎖を断ち切るための方法、アイデアが生まれやすい。当事者の強みや資源からは、本人・家族の重視している価値観が理解しやすくなり、今後支援するうえでの配慮のポイントがつかみやすくなる。

5．ケースカンファレンス

　一定の情報を収集の後、⑤プランニングシート（機関用）を用いて情報を整理する。プランニングシートは、今後の支援計画を話し合うための情報整理の枠組みとして使用するものである。ここでは、これまでの面接で明らかとなった情報を《できていること》《心配なこと》《危険なこと・対策が必要なこと》の順に再整理していく。

　具体的には②安全探しシートや例外について話し合われた情報は《できていること》の欄に記入する。次に、問題行動やリスクについては、《心配なこと》に記入する。さらに、早急に対応を要することや、二度と行われるべきでない暴力や暴言については、《危険なこと・対策が必要なこと》の欄に記入する。

　次に、スケーリング評価を用いて《もっとも大変な状態／深刻な状態は0点、十分安心して満足できる状態を10点とすると今の状態は何点でしょう？》との問いかけを関係者1人ひとりに確認していく。このとき、職種間の情報や判断基準のずれを確認し、「立場の違いによる見立ての違い」を可視化し、情報共有を図る。たとえば、現状を「とても大変な状況」と共通認識していたA、Bそれぞれの援助職がいたとする。ところがこのスケーリング評価

を行うと、Aは3点、Bは0点をつけているなど、異なる評価を行う場合がよくみられる。「とても大変な状況」等のあいまいな定義は人によって異なる。そしてこれらの違いはそれぞれがもつ情報の質や情報の差から生じる場合が多い。このように、スケーリング評価を行うことにより、点数の違いに基づいて、考え方や把握情報のずれを確認でき、一致した目標をもちやすくなるといえる。

次いで、ケースごとの目標を考える。この場合の目標とは「殴らないようにする」「食事をきちんと与える」などというものではない。どんな状態になっていれば「安心」と思えるか、現実的にどのような状態が実現したらよいのか、どういう状態を達成したいのか、といったことを目標とする。

この目標が決まったのち、当面の改善のための役割分担として、目標に向けて「当面のごくごく小さな一歩」を関係者がそれぞれみつけていく。このとき重要なのは、1人ひとりができることを挙げることである。また、目標は小さければ小さいほど達成しやすくなるのでよいと考える。さらにそれぞれの進捗状況を確認することも忘れないようにする。これらの目標と当面の改善のための役割分担をもとに、支援プラン原案の作成が可能となる。

6. プランニングのための家庭訪問

関係機関によるケースカンファレンスの結果をもって、話し合いのための家庭訪問を行う。

ここでは、できる限り、本人や家族と共同して支援プランを話し合うため、⑥プランニングシート(話し合い用)を用いて、今後の目標を自分たちの言葉で語ってもらうようにする。考え方は機関用と同じである。《うまくいっていること・安心なこと》《気がかりなこと・大変なこと》《心配なこと・繰り返したくないこと》について、可能であれば、一緒にメモを確認しながら話しをする。

さらに、現状の評価を、本人、家族それぞれに可能な限り聞いていく。そして、個人的な目標について、「どんなひとときがもてるとよいか」など、具体的な場面を尋ねていく。ここでは、できる限り、本人・家族が安心し、くつろいでいる場面がそれぞれのなかに描きだせるよう聞く。

さらに、その個人的な目標に、少しでも近づくためには何ができるか、当面の目標を「取り組み課題」として設定してもらい、状況改善への小さな変化が起こせるようなプランを一緒に作成する。小さな当面の課題に取り組むことができれば、それは家族の対処可能感や次の課題への取り組み意欲の向上に、また、援助職の対処可能感の向上や成功感覚の獲得につながる可能性がある。また、こうした対話形式の支援計画作成のプロセスは、家族の「勝手に専門家がことを運ぶ」といったあきらめや投げやりな態度、不信感を和らげる機会となり、家族の「安心」につながる。また、家族の言葉で語られた具体的な「解決像」を知ることにより、援助の意味や意義が明確にみえ、援助職の側の「安心」も増すと言える。

▶ 注

1) 危害状況が深刻ですぐに高齢者を緊急保護したような事例でも、後日、虐待する家族と今後について話し合う必要がある。それゆえ、リスクだけに目を奪われて家族に対する否定的なイメージを固定化してしまわず、最初から安全サインにつながるストレングスを把握するよう心がけることが求められる。

2) インテークを行ったらすぐにタイムシートを活用した面接ができるとは限らず、何度かの家庭訪問の後にようやく活用できる、という場合がある。

3) たとえば、ネグレクト状況にあるにもかかわらず、家族が実際に介護しているように話していても、起床時から時間を追って生活や介護の様子を聞かれると、何もやっていない場合、具体的に話せず、やっていない事実が明らかになる。

4) 虐待する家族と関係性をつくり、今後について話し合えるようになることで、虐待の恐れありと相談・通報があった事例については、虐待発生を防ぐことができ、すでに虐待が始まっていた事例については、早期解決への糸口を得ることができるという可能性である。

4節 研修プログラムの開発

1. 研修プログラムの構成内容

安全づくり安全探しアプローチ（AAA）の研修プログラムは、いくつかの構成要素で作成した。主なものを図表3-4-1にまとめた。

図表3-4-1 　安心づくり安全探しアプローチ（AAA）での研修テーマ例

1. 安心づくり安全探しアプローチの開発の経緯
2. 解決志向アプローチの理解
3. 安心づくり安全探しアプローチの全体像と基本的な考え方
4. 相談援助関係を気づきにくい理由と対応
5. 相談・通報時面接のコツ
6. 訪問時の基本姿勢と面接技法
7. 訪問調査（タイムシート／エピソードシートの活用面接）
8. 訪問調査（安心づくりシートを使った面接のコツ）
9. 情報の収集整理とプランニング（プランニングシートを使った話し合いの仕方）

AAA開発の経緯、全体像の概観、いくつかのパート（基本的な対応の方針、電話相談・通報場面、家庭訪問時の関係づくり、問題が語られた後の支援に役立てる情報収集、プランニング）に分かれた構成になっており、研修の時間数に合わせ適宜内容を組み合わせてプログラムを組んだ。

どのプログラムにおいても、講義だけではなく、エクササイズやディスカッション、ロールプレイに基づくシート記入等のワークを組み合わせており、参加者が能動的、積極的に研修に参加できるよう工夫を施した。以下、研修実施時に配慮した点について詳述する。

2. 研修プログラムの構造

AAAがより効果的な研修となるように以下の点を意識して構造を組み立てた。

(1) 解決志向アプローチの基本的な考え方を体験的に理解すること

解決志向アプローチでは、従来の問題志向的な考え方とは異なり、問題を丁寧に分析することよりも、解決の状態を明らかにしていくことに力点を置く。そのために現状のリソース

（資源）を、対話を通じて丁寧に確認するスキルも求められる。
　解決志向アプローチの考え方を理解しないままでは、タイムシートを「良好な援助関係づくり」に役立てるためのコツを伝えづらく、安心づくりシートを用いた面接等ではその意図がつかみづらい。そのため、どの研修でも必ず解決志向アプローチの考え方はわずかなりとも講義で触れることとした。長時間の研修プログラムを組むことができる場合には、2、3時間を割いてエクササイズを組み合わせて解決志向アプローチの考え方を体験的に紹介した。

(2)　基本的な面接技法を提示すること
　研修に参加する高齢者虐待対応の最前線にいる人々は、全員が基本的な面接技法の訓練を受けているとは限らない。また知識として面接技法を学んだことがあっても、エクササイズ等の体験的な学習をしたことがない人や、相談の現場に出てからは振り返りの機会をもつことがない人も少なくない。
　そこで、研修プログラムのなかでは、基本的な面接技法のエッセンスを多く紹介し、実践的な知恵を提示するようにした。たとえば、相談面接時の非言語メッセージの重要性に関しては「初回相談時に3本前の電信柱で自分の表情を和らげる練習をする」、「不用意に『虐待』等と硬い言葉を使ったり専門用語を使ったりせず、相手が使った言葉をそのまま用いる」等のコミュニケーション技法を場面に即した形で紹介した。

(3)　シナリオロールプレイ
　AAAでは、短い面接シナリオを作成し、研修場面ではその読み合わせを取り入れながら、シートを記入し、基本的な面接技法や解決志向アプローチの面接の感覚を体験できるように工夫した。
　たとえば、近隣住民が虐待なのではないかと心配して相談の電話をかけてきた場面のシナリオでは、伝聞か目撃か等、情報を丁寧に引き出しつつ「相手の言葉を使って尋ねる」、「守秘義務を伝える」、「相談・通報の電話に感謝する」といった基本的な面接技法の練習を交えつつ、危害やリスクの確認と安全探しのチェックを行う。
　また、安心づくりシートの面接シナリオでは、「例外探し」の質問を粘り強く行うことや、解決の状態について話し合う工夫について提示しており、解決志向的な話し合いを継続するコツについて体験的に理解できるようになっている。

(4)　クライエント役を体験するエクササイズ
　上記のシナリオロールプレイを通して、模擬的にAAAを用いた面接を体験することは、面接者の練習として役立つ。しかし、これだけでは面接を受ける本人や家族の気持ちに十分寄り添うことはできない。
　そこで、研修プログラムにおいては、エクササイズとして自分自身をクライエント役とする対話の練習もはさんだ。タイムシートを使って「とても忙しい私の1日」をテーマに話し

合う、安心づくりシートを使って「うまくいかないときもある私」をテーマに例外探しの質問をするなど。自分自身の生活場面をあまりよく知らない相手に話すこと自体が抵抗感のある作業であるため、研修時は作業の流れをいくつかのパーツに区切って具体的な作業内容を明確にするよう配慮した。そのうえで、その抵抗感を前提としつつ（実際のクライエントはさらに抵抗感が高いはずであると説明し）、例外や資源に目を向けた会話は、問題を焦点化する会話よりも建設的になりうることを体験的に理解してもらった。また、どのエクササイズにおいても面接の最後にまとめのフィードバックを必ず組み込んだ、面接時の「要約」技法の重要性を意識するとともに、要約時には「強み」に焦点化することで、会話の意味づけが肯定的なものとなり、援助関係にも良好な影響を及ぼすことを実感できるよう工夫した。

　以上の4要素を、どの研修内容を実施する場合であっても極力含めるように配慮した。

5節　評価研究デザイン

1．対処可能感による評価

　安心づくり安全探しアプローチ（AAA）による研修効果として、何が期待できるであろうか。筆者らは、当初、以下の3点を研修の効果として想定した。
① 研修参加者の高齢者虐待事例に対する対応についての自信が向上すること
② 研修参加者が高齢者虐待事例においてストレングスに注意を向け、目標志向型の支援が展開できること
③ 研修参加者が実際に高齢者虐待事例に対して首尾よく支援ができること
　これらのうち、研修の前後で直接的に効果が評価できるのは①の対応に関する自信の向上だけであり、②の実践への応用や、③のその結果の支援展開に関しては、研修参加者が高齢者虐待事例を担当することにならないと検討することはむずかしい。そこで、まず筆者らは①の対応についての自信を測定するための指標の開発に取り組んだ。

(1)「対処可能感」尺度の作成の経緯
　社会心理学やソーシャルワークにおいては「自信」を科学的に検討する概念として「自己効力感」が良く用いられている。自己効力感とは社会心理学者バンデューラが提唱した概念である（坂野・前田．2002）。人は、ある行動が、どのような結果を生み出すかという予期（結果予期）に基づいて、ある結果を生み出すために必要な行動をどの程度うまくとれるか、という予期（効力予期）を抱く。この見通しのなかで自分がどの程度うまく行動できるかという認識の程度を自己効力感と呼ぶ。
　自己効力感を測定するためには、基本的には測定したいある特定の行動に関連したいくつかの行動様式を例示して、その「できる程度」を数値化することが必要となる。したがって特異的自己効力感に関しては、ターゲットとなる行動ごとに測定尺度を開発することが必要になる。または一般的な自己効力感の高い人の心理・行動特性を測定することで、その人の全般的な自己効力感を測定することを目的とした心理測定尺度も開発されており、特に標準化された心理測定尺度である一般性セルフエフィカシー尺度（GSES）はソーシャルワーク領域においても比較的多く活用されている（坂野・東條．1986）。
　私たちは、自己効力感の測定に関して検討を重ねたが、「高齢者虐待対応に関する自己効力感」を想定した場合のむずかしさが浮かび上がってきた。すなわち虐待事例に対して「訪問調査に行く」「ケース会議を開く」といった行動は（せざるをえないため）「できる」と回答されるであろうが、それらは必ずしも「高齢者虐待事例に適切に対応できる」という自己効力感につながるとは言えない、という点である。また深刻なケースに対して「適切に対応

できる」と考えることが、本当に良いことなのだろうかという疑問である。

　すでに述べたように高齢者虐待事例に対しては、過去の経験やイメージ、実際に行われている問題行動等のため、「困難である」と身構えて援助職が支援に取り組むことが多い。この「困難である」という感覚が、結果的に「適切に対応できる」かどうかという判断に留保を生じさせ、自信を失わせるものになる。一方で、この「適切に対応できるかどうか」という留保が、結果的に慎重な判断や関わりの丁寧さに寄与する側面もあるため、「適切に対応できるかどうか、自信がない」ということ自体が必ずしも否定的な意味をもつものとも言い難い。デリケートな、生命の安全が脅かされることすらある状況に対して「対応できる自信がある」と肯定的に評価できるほど、対人援助業務は単純なものではないためである。

　そこで私たちは「対処可能感」という概念に注目した。「対処可能感」は、そもそも統合失調症の家族心理教育における分野で開発された尺度（鈴木他．未発表）であり[1]、家族が精神症状のある患者と生活するうえでの困難に対して「困難に何とか対処できる」「困難はあるが何もできないわけではない」という感覚の程度を測定するものとして開発された。その後、摂食障害の家族支援や患者支援に応用され、摂食障害患者の家族については統合失調症の患者の家族と同様「対処困難感」と「小さな変化の気づき」という2因子構造が確認された（小林他．2002）。また摂食障害患者自身については、患者の状況に応じて項目の再選定がなされ、「対処困難感」と「小さな変化への気づき」に「生活の広がり」を加えた3因子構造が示された（槇野他．2004）。これらの「対処可能感」は、自己効力感の類縁の概念ではあるものの、困難状況が前提として位置づけられており、「良い行動がとれるか」ではなく「何とか対処できる」「何もできないわけではない」の程度を測定できるものであると言えよう。

　私たちは本研究での「対処可能感」を「高齢者虐待という困難事例に対して、何か対処できることがあると感じる効力期待」と位置付けて、尺度を開発した。尺度項目の作成に際しては、既存の対処可能感に関する先行研究と、高齢者虐待対応における困難感に関する先行研究、現場実践者からの助言等を踏まえて項目を作成した。回答者の負担をできるだけ少なくするという倫理面の配慮をし、6項目からなる尺度で構成した（予備調査シンプル版）。その後、予備調査の結果分析や高齢者虐待に関する研修の際に事前に寄せられた現場の人々が抱える困難感や要望などから、より具体的に対処可能感に関連する項目を精査して4項目を追加し、回答者の負担もさほど変わらない10項目からなる尺度を作成した（本調査項目）。最終的には逆転項目を5項目含む10項目からなる4件法（1点〜4点まで。得点が高いほど対処可能感が高くなるように算出）の尺度を作成した。

(2)　対処可能感尺度の信頼性と妥当性の検証

　開発した「対処可能感」尺度の信頼性と妥当性を検証するため、自己記入式質問紙法を用いた調査と分析を行った。

　調査対象者は、AAAの研修会に参加した高齢者虐待事例に対応する可能性のある対人援助者である。2010年2月から2011年3月までに全国の9か所で実施された研修に参加し、

本調査項目からなる研修前アンケートに回答した321名分を分析に用いた。
　まず構成概念妥当性の検証のため、因子分析（主因子法バリマックス回転）を行った。その結果を図表3-5-1に示す。因子寄与率やスクリープロット、解釈可能性を検討し10項目からなる尺度は5項目ずつの2因子に分けることが妥当であると考えられた。第Ⅰ因子はすべて逆転項目であり、対処困難意識に関するものであった。得点が高いほど対処困難感が低いと考えられたため「対処困難意識の低さ」と名付けた。第Ⅱ因子は、変化に気付ける、小さな良い点に気付ける、工夫できる部分も多い、といった内容であるため「対処の工夫や気づきの高さ」と名付けた。この結果は、対処可能感に関する先行研究で「対処困難感」や「小さな変化への気づき」といった因子が抽出されていることとおおむね一致するものとなっており、構成概念は妥当なものであると考えられた。
　また信頼性の指標として、内的一貫性の指標であるCronbach's α係数を算出した。
　全10項目 α = .74、第Ⅰ因子「対処困難意識の低さ」α = .74、第Ⅱ因子「対処の工夫や気づき」α = .77、と比較的高い内的一貫性が示され、項目内容の一定の信頼性が支持された。

図表3-5-1　対処可能感尺度の因子分析結果

	因子		共通性
	1	2	
第Ⅰ因子　対処困難意識の低さ（5項目、α =.74）　すべて逆転項目			
本人が応じてくれない場合の対応がわからない	.884	.068	.786
家族に拒否されるとどう関わってよいのかわからない	.839	.131	.721
問題が特殊なので関わり方がわからない	.579	.243	.394
家族が孤立してしまう気がして介入しづらい	.368	.061	.139
ご本人・ご家族を変えることはむずかしい	.329	-.052	.111
第Ⅱ因子　対処の工夫や気づきの高さ（5項目、α =.77）			
「変わったな」と気づくことができる	.111	.751	.576
小さな事でもよい点に気づける	.049	.744	.555
関わり方を変えることでご本人・ご家族のよい面を引き出せると思う	.023	.671	.451
周りの人たちが話し合ったり工夫したりできる部分も多い	.000	.514	.265
協力的でなくとも必要なコミュニケーションを図ることができる	.209	.440	.237
因子寄与率	21.23	21.13	
累積寄与率	21.23	42.36	

　対処可能感が所属機関や虐待対応経験、経験年数等によりどのような影響を受けるのかについても検討した。

図表3-5-2 所属機関別対処可能感

	行政機関＋地域包括							居宅＋その他						
	行政機関			地域包括			小計			居宅			その他			小計		
	N	Mean	S.D.	N	Mean	S.D.	N	Mean	S.D.	N	Mean	S.D.	N	Mean	S.D.
対処可能感総得点	44	26.2	4.1	157	26.3	3.9	201	26.3	3.9	85	25.6	3.1	40	25.2	4.9	125	25.5	3.7
対処可能感Ⅰ 困難意識の低さ	44	15.0	2.3	157	15.4	2.4	201	15.3	2.4	85	15.4	2.1	40	14.9	2.6	125	15.2	2.3
対処可能感Ⅱ 対処の工夫や気づき	44	11.2	2.8	157	10.9	2.6	201	11.0	2.6	85	10.3	2.5	40	10.2	3.2	125	10.3	2.7

対象者の所属機関別に、分散分析を行った結果では有意な違いは見られなかった。そこで、行政機関と地域包括を合計した群と、それ以外の群とでt検定で比較したところ、行政機関および地域包括職員は、居宅介護支援事業所（以下、居宅と略記する）やその他のNPO等と比べて「困難意識の低さ」が有意に高く（t＝2.408, p＜.05）、また「対処可能感総得点」が高い傾向が見られた（t＝1.851, p＜.10）。行政機関ないし地域包括において、公的な立場で高齢者虐待防止に携わる機会の多いものが、対処可能感が高くなりやすいと考えられた。

図表3-5-3 対応経験別対処可能感

	対応したことがある			同僚や上司が対応			まったくない			F値
	N	Mean	S.D.	N	Mean	S.D.	N	Mean	S.D.	
対処可能感総得点	204	26.7	3.8	79	25.0	3.2	43	24.4	4.3	.999
対処可能感Ⅰ 困難意識の低さ	204	15.4	2.3	79	15.1	2.3	43	14.9	2.4	15.221
対処可能感Ⅱ 対処の工夫や気づき	204	11.3	2.6	79	9.8	2.3	43	9.5	2.8	10.668

虐待対応経験で比較すると、自分が対応した経験がある場合には「まったくない」場合や「上司や同僚が対応した」場合と比べて、「対処可能感総得点」と「対処困難意識の低さ」が有意に高かった（Bonferroniによる多重比較, p＜.05）。

図表3-5-4　経験年数別　対処可能感

	3年未満			3年以上6年未満			6年以上		
	N	Mean	S.D.	N	Mean	S.D.	N	Mean	S.D.
対処可能感総得点	98	25.0	3.6	96	26.6	4.3	121	26.6	3.6
対処可能感Ⅰ 対処困難意識の低さ	98	15.0	2.1	96	15.4	2.4	121	15.5	2.4
対処可能感Ⅱ 対処の工夫や気づきの高さ	98	10.0	2.4	96	11.1	2.8	121	11.1	2.6

経験年数では、3年未満の群はそれ以上の群と比べて「対処困難意識の低さ」が低く（つまり困難意識が高く）、「対処可能感総得点」が低かった（$p<.05$）。

これらの属性の影響力を比較するため、経験年数（1＝3年未満、2＝3年以上6年未満、3＝6年以上）、所属機関（1＝行政ないしは地域包括、2＝居宅等）、対応経験有無（1＝自分で対応した経験あり、0＝自分で対応した経験はなし）を独立変数とし、対処可能感を従属変数とする重回帰分析を行った。結果を図表3-5-5に示す。

図表3-5-5　対処可能感を従属変数とする重回帰分析

	対処可能感Ⅰ 対処困難意識の低さ β	対処可能感Ⅱ 対処の工夫や気づきの高さ β	対処可能感 総得点 β
経験年数	0.100 †	.073	.113 †
所属機関	－0.089	.005	－.058
対応経験有無	0.235 ***	.036	.184 **
R^2	0.094	.008	.066
調整済み R^2	0.086	.001	.057

† : $P<.10$、** : $P<.01$、*** : $P<.001$

第Ⅰ因子の「対処困難意識の低さ」には、経験年数や所属機関にかかわらず、対応経験の有無が影響していた。また経験年数も関連する傾向が見られた。第Ⅱ因子の「対処の工夫や気づきの高さ」に対しては、経験年数や所属機関、対応経験の有無の影響は見られなかった。総得点に対しては、第Ⅱ因子と同様の傾向が見られた。これらの結果から、対応経験を重ねていくことは困難意識を低くするのに役立つことが示唆されたが、経験や所属機関は、対処の工夫や気づきを高めることには影響が見られなかった。つまり、高齢者虐待事例への対処可能感を高めるためには、対応経験を重ねることで、困難感を低くすることはできるが、経験だけでは対処の気づきや工夫を高めるようなノウハウ的な部分の蓄積は困難かもしれないと考えられた。

2. 評価研究のデザイン

AAAの研修を行い、その効果を評価するために私たちは図表3-5-6に示す評価デザインを設定した。それぞれ概要を説明する。

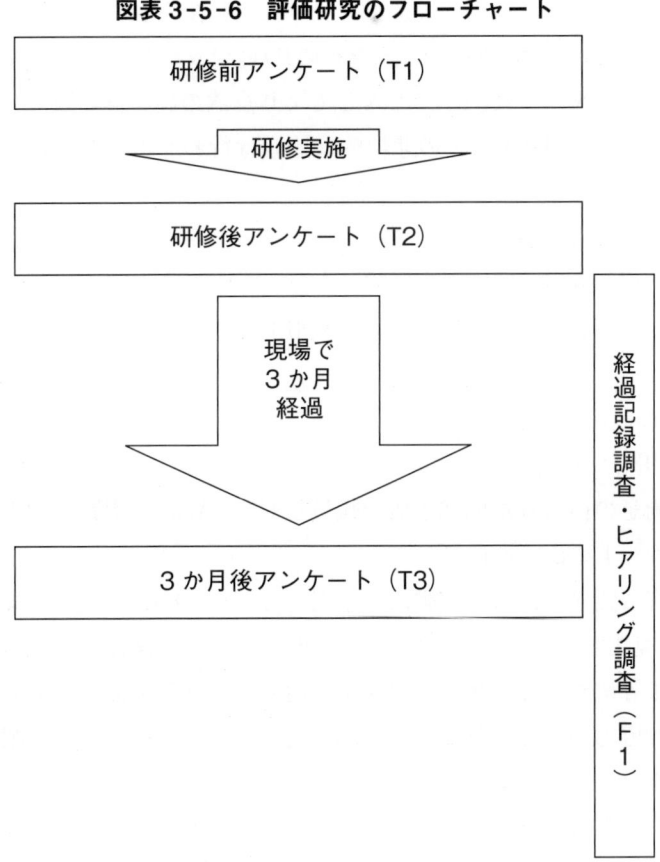

図表3-5-6　評価研究のフローチャート

```
┌─────────────────────────┐
│   研修前アンケート（T1） │
└─────────────────────────┘
          │ 研修実施
          ▼
┌─────────────────────────┐
│   研修後アンケート（T2） │
└─────────────────────────┘
          │ 現場で
          │ 3か月
          │ 経過
          ▼
┌─────────────────────────┐
│  3か月後アンケート（T3） │
└─────────────────────────┘
```

（右側：経過記録調査・ヒアリング調査〈F1〉）

調査は、研修前（T1）、研修後（T2）、研修から3か月後（T3）の3時点で無記名自己記入式質問紙法を用いた。これに加えて経過追跡調査として、事例調査（援助者記入式調査、ヒアリング調査〈F1〉）を行った。

(1) 研修の直接的・短期的効果の検討

T1、T2時の比較により、研修によって直接的かつ短期的に生じた変化を測定できると考えた。調査項目は以下の内容とした。

T1：所属機関、経験年数、虐待対応経験の有無、所持資格、対処可能感

T2：AAAの基本となる考え方についての理解度、研修への満足度評価、対処可能感

なお、調査は2時点の比較デザインを採用したため、T1－T2時点で調査票に付したID番号によるマッチングが可能になるように準備したが、会場等の都合により前後のマッチン

グができていないデータ等もある。

(2) 研修の中期的影響の検討

　研修に参加した後に、この効果がどの程度持続しているのかどうかについて検討するため、T3での調査を実施した。なお、T3調査の対象者は、研修参加者のうちAAAの記入様式等を活用したい等と個別に連絡先の提供を受けた者に限られたため、研修参加者全員ではない。そのため、T1–T2調査時とT3調査時のIDのマッチングができなかったこと、T3調査の対象者はボランタリーな、AAAに対してより意欲の高い群に限られると考えられたことから、T1–T2調査とT3調査との連続的な比較は行わなかった。調査は郵送法にて配布・回収した。

　調査項目は以下の内容である。

　T3：所属機関、経験年数、虐待対応経験の有無、所持資格、AAAの基本的な考え方の実
　　　践度、AAAの各シートの利用状況及び利用していない場合の理由、対処可能感

(3) AAAを実践に活用した事例調査

　AAAを実践活用した場合の事例展開について把握するために、事例調査を行った。調査の趣旨を説明し同意の得られた地域包括の職員に対し、AAAを実践に活用した事例に関して経過観察記録シートの記入を依頼した。

　事例や面接内容に関する情報の記載は最小限にとどめ、AAAの基本的な考え方の実践程度、面接のなかで見出した本人・家族の資源や強み、家族との関係や家族の変化に関する意欲についての評価等についてスケーリングを活用するなどして記入してもらった。また経過観察シートへの協力の得られた一部の事例担当者に対しては、より詳細なヒアリング調査を施行し、AAAを実践してよかったことや、実践して感じた改善を要する点等を尋ねた。

　以上を通じて、AAAの研修の直接効果および長期的効果と、それに影響する因子の分析、またAAAを実践応用した場合の有用性について総合的に明らかにすることを企図した。なお、いずれの調査についても首都大学東京の研究倫理審査委員会の承認を受けている。

・・・・・・・・・→ 注 ・・

1) 鈴木丈氏と伊藤順一郎氏が開発した尺度の論文草稿を筆者は共著者の伊藤一郎氏より2000年頃に受け取り、その後摂食障害患者家族の心理教育に応用して測定尺度化を進めた。

[引用・参考文献]
藤江慎二. 2009.「高齢者虐待の対応に困難を感じる援助者の認識―地域包括センターの援助者へのアンケート調査をもとに」.『高齢者虐待防止研究』5巻1号, pp.105-108
医療経済研究機構. 2004.『家庭内における高齢者虐待に関する調査』. pp.125-126

小林清香・馬場安希・槇野葉月・内田優子・龍田直子・小牧元・石川俊男・伊藤順一郎. 2002.「摂食障害患者家族の『対処可能感尺度』の開発および家族特徴についての検討」『第44回日本心身医学会総会ならびに学術講演会抄録集』
槇野葉月・馬場安希・小林清香・内田優子・伊藤順一郎. 2004.「摂食障害患者を対象とする対処可能感覚尺度の開発」.『精神医学』46（3），pp.249-255
中村正. 2010.「逸脱行動と社会臨床―加害に対応する対人援助学―」望月昭他編『対人援助学の可能性：「助ける科学」の創造と展開』福村出版. pp.134-144
坂野雄二・前田基成. 2002.『セルフ・エフィカシーの臨床心理学』. 北大路書房
坂野雄二・東條光彦. 1986「一般性セルフ・エフィカシー尺度作成の試み」.『行動療法研究』12（1），pp.73-82
Turnell, A. & Edwards, S., 1999＝2007. Singns of Safety：A Solution and Safety Oriented Approach to Child Protection Casework, W. W. Norton & Company. Inc., 白木孝二・井上薫・井上直美・監訳『安全のサインを求めて―子ども虐待防止のためのサインズ・オブ・セイフティ・アプローチ』. 金剛出版. pp.43-44, p.62

高齢者虐待への介入アプローチ——安心づくり安全探しアプローチ(AAA)——

4章 「安心づくり安全探しアプローチ」の評価

1節 研修による効果

1. 研修の実施過程

　安心づくり安全探しアプローチ（AAA）による高齢者虐待防止研修プログラムは、私たちが設定した研修会で、また、私たちが市町村から依頼される虐待防止研修会で了解を得て実施した。研修参加対象者は、行政機関職員、地域包括職員、居宅のケアマネジャー等である。
　2010年2月から現時点（2011年3月）までの間に伊勢原市、杉並区、船橋市、富山市、新潟市、東京秋葉原、調布市、神奈川県、川越市の9つの市区町村及び研修会場において実施した。研修時には簡易な質問紙調査を行い、その結果や研修中の質疑応答に基づき、研修プログラムの修正や微調整を図ることにした。なお、研修は上記9か所の他にも6か所で実施したが、そのほとんどが2回目の実施であったので評価調査は実施していない。以下では、現時点までの研修前後の質問紙調査の結果を報告し、AAAの可能性について明らかにする。

2. 研修前後質問紙調査の結果

(1) 質問項目と回答者
　(ア) 研修前質問紙調査と(イ) 研修後質問紙調査の質問項目数は、倫理的配慮から回答者の負担を極力抑えるため最小限に抑えた。
　(ア) は基本属性（3問）、虐待対応経験の有無（1問）、虐待事例への対応自信度（1問）、虐待事例への対処可能感（10問）、虐待事例への考え方（8問）の計23問、(イ) はAAAの理解度（5問）、研修満足度（4問）、虐待事例への対処可能感（10問）、虐待事例への考え方（8問）、虐待事例への対応自信度（1問）、研修に関する感想・意見（自由記述）の計28問である。
　なお、対処可能感の質問項目は、9回実施した研修のうち最初の5回までは、6項目のみの予備調査シンプル版としたが、6回目以降の研修では10項目の本調査項目で質問を行っ

た。ここでの分析には、本調査項目の10項目のデータを用いている。

調査対象者はAAAの研修会に参加した高齢者虐待事例に対応する可能性のある対人援助者である。2010年9月から2011年3月までの4回の研修に参加し、本調査項目による研修前・後の質問紙調査に回答した者のなかで、マッチングが行えた311名分を分析に用いた。

回答者の所属機関の内訳は、「地域包括」が149名で全体の47.9%、「居宅」が85名で27.3%、「行政機関」が41名で13.2%、その他が36名で11.6%であった。また、回答者の経験年数の内訳は、「4年以下」で149名47.9%、「5年から9年以下」88名で28.3%、「10年以上」が62名で19.9%であった（図表4-1-1）。

図表4-1-1　回答者の属性　　（N＝311）

	度数	％
所属機関		
行政機関	41	13.2
地域包括	149	47.9
居宅	85	27.3
その他	36	11.6
無回答・不明	0	0.0
経験年数		
4年以下	149	47.9
5年から9年以下	88	28.3
10年以上	62	19.9
無回答・不明	12	3.9
計	311	100.0

(2)　AAAの理解度、満足度及び対処可能感

研修後質問紙調査で、「危害・リスクと強みを早い段階から適切にアセスメントすること」「介護者支援の重要性」「『強み』をアセスメントすること」「関係づくりへの『雑談』の活用」「本人・介護者へのねぎらいの重要性」というAAAの5つの特徴を理解したかどうかをリッカート法の5件法「まったくわからなかった」から「よくわかった」まで1～5点の得点を与えて合計点を算出した。

全体の平均は22.8点であった。最高得点は25点であるから、理解度は高いと言える。所属機関別に見たところ、「地域包括」23.1、「居宅」22.7、「行政機関」22.4であり、有意差は見られなかった（F=3.148）。また、所属機関にかかわらず高い理解度が示された。

また、対応経験年数別に見たところ、「10年以上」23.3、「4年以下」22.1、「5年から9年以下」22.9であり、有意差は見られなかった（F=1.841）。しかし、10年以上のベテラン職員ほど理解度が高いという結果となった（図表4-1-2）。

図表 4-1-2　所属機関・経験年数別 AAA 理解度

		N	AAA 理解度 平均得点	標準偏差
所属機関				
	行政機関	41	22.4	2.4
	地域包括	149	23.1	2.1
	居宅	85	22.7	2.1
	その他	36	24.0	2.9
	計	311	22.8	2.3
経験年数				
	4年以下	149	22.1	2.4
	5年から9年以下	88	22.9	2.1
	10年以上	62	23.3	1.9
	計	299	22.9	2.2

　研修後の質問調査で、「研修の満足度」「AAAが実践に役立つかどうか」「研修時間の満足度」「AAAへの興味」等AAAの満足度についてリッカート法の5件法で尋ね、「不満」から「とても満足」まで1～4点の得点を与えて合計点を算出した。全体の平均点は、16.8であった。最高得点は20点であるから、満足度は高いと言える。所属機関別に見たところ、「居宅」17.2「地域包括」16.6「行政機関」16.7であり、有意差は見られなかった。所属機関にかかわらず高い満足度が示された。

　経験年数別に見たところ、「10年以上」17.4、「5年から9年以下」16.8、「4年以下」16.5であり、有意差は見られなかったが、10年以上の満足度が高いことが明らかとなった。

図表 4-1-3　所属機関・経験年数別 AAA 満足度

		N	AAA 満足度 平均得点	標準偏差
所属機関				
	行政機関	41	16.7	2.0
	地域包括	146	16.6	2.3
	居宅	83	17.2	2.0
	その他	36	16.4	2.7
	計	306	16.8	2.3
経験年数				
	4年以下	149	16.5	2.4
	5年から9年以下	85	16.8	2.3
	10年以上	61	17.4	1.9
	計	295	16.8	2.3

4章 「安心づくり安全探しアプローチ」の評価

対処可能感については、研修前および研修後質問紙調査の両方で尋ねた。①本人・介護者を変えるのは困難、②小さなことでも変化に気づける、③関わり方を変えることでよい面を引き出せると思う、④小さなことでもよい点に気づける、⑤ご本人・介護者の問題が特殊なのでどう関わればよいかわからない、⑥ご本人・介護者の問題には周りの人たちが話し合ったり工夫したりできる部分も多いと思う、⑦虐待として介入すると、家族が地域から孤立するように感じる、⑧家族が面談を拒否すると、どう関わればよいかわからない、⑨支援したいのに本人が応じてくれないとどう対応していいかわからない、⑩協力的でない家族・親族とも必要なコミュニケーションを図ることができる、という10項目について「そう感じない」から「そう感じる」までの4件法で尋ね、それぞれ1〜4点の得点を与えて合計得点を算出した（①、⑤、⑦、⑧、⑨は逆転項目）。

研修前後の調査で回答が得られたケースについて対応のあるt検定を行ったところ、研修前の平均得点は25.9点（標準偏差3.7）、研修後は28.0（標準偏差3.6）で有意な上昇がみられた（t＝11.7, p＜.01）。分散分析の結果、所属機関、職種別による差はみられなかったが、経験年数別では「4年以下」が低かった。この群は研修によって対処可能感が向上はしたものの「5年から9年以下」や「10年以上」でも向上したため、有意に低い結果となっ

図表4-1-4　所属機関・経験年数・対応経験別 研修前・研修後対処可能感

		N	研修前対処可能感 平均得点	研修前対処可能感 標準偏差	研修後対処可能感 平均得点	研修後対処可能感 標準偏差
所属機関[1)]						
	行政機関	41	26.2	3.7	27.6	3.9
	地域包括	149	26.2	3.8	28.6	3.7
	居宅	85	25.6	3.1	27.2	2.9
	その他	36	25.1	4.9	27.5	4.1
	計	311	26.0	3.7	28.0	3.6
経験年数[2)]						
	4年以下	149	25.6	3.9	27.5	3.8
	5年から9年以下	88	26.2	3.5	28.7	3.2
	10年以上	62	26.8	3.8	28.6	3.7
	計	299	26.0	3.8	28.1	3.6
対応経験[3)]						
	対応したことがある	193	26.6	3.7	28.5	3.7
	上司や同僚が対応	75	25.0	3.1	27.1	3.1
	まったくない	43	24.4	4.3	27.1	3.5
	計	311	25.9	3.7	28.0	3.6

1) 研修前後×所属機関カテゴリによる分散分析の結果、研修前より研修後のほうが平均得点は高くなるが有意な差は見られなかった。
2) 研修前後×経験年数カテゴリによる分散分析の結果、研修前よりも研修後のほうが平均点は高くなるが有意な差は見られなかった。
3) 研修前後×対応経験カテゴリによる分散分析の結果、研修前よりも研修後のほうが平均点は高くなり、有意な差が見られた。

た。また、虐待対応経験で比較を行うと、自分が対応した経験がある場合において、「対処可能感」が有意に高くなった。

(3) AAAについての意見・感想

自由記述で求めた研修についての意見・感想は、いくつかのタイプに分けることができた。a〈不安の軽減〉、b〈実践の肯定〉、c〈気持ちの体験的理解〉、d〈前向きな姿勢の獲得〉、e〈その他〉である。それぞれの回答例は以下の通りである。なお、aは、すべての職種で表現されていた。

a〈不安の軽減〉

「最近、包括に異動になり、とても不安であったが、今後虐待ケースがあれば向かっていけそうな気がする。『不安』から『なんとかなるかも』と思えるようになった」、「虐待ケースに対する不安が少し軽くなった」、「虐待事例というと身構えてしまうが、今回の研修を受けて少し肩の力を抜いて、対応できそうな気がする」、「虐待事例というとむずかしいと感じてしまっていたが、そういった意識を変えることができ、大変役に立った」、「虐待は介入がむずかしく、生命の安全のために分離することが必要ということが今まで言われてきたが、今回、援助者のアプローチで持ちこたえるという視点にふれ大変参考になった」

b〈実践の肯定〉

「間違っていなかったという思いで安心した」、「日頃自分の体験のなかでなんとなくこうすれば良い関係が築けると思い実践していた内容を明確にしていただけた感じでうれしい」、「今まで、うまくいった事例は、実は、本人の強みに目を向けたアプローチをした時だったのだと気づいた。今後は意識して、本人・家族の強みを生かしたアプローチをしたい」、「自分が今までしていたことは間違っていなかったと思えた」、「今日の研修内容は日々取り入れていたもののように感じる。それをことばにし、AAAという名前をいただいた、というものだったように思う」

c〈気持ちの体験的理解〉

「いろいろなワークを体験するなかで、相談者の気持ちを体験できたのはよかった」、「実際にシートを使って対話をしてみて、自分の悩みの本質がどこにあったのか気づく体験ができた」、「安心、安全だと思っていただけるような面接技術がよりよい支援につながるのだと感じた」、「コンプリメントの重要性、大切さを学んだ」、「介護者（ご家族）の日常を理解し、共感することによりさまざまな方向へ物事が変化する可能性があると思った」、「コンプリメントされることの重要性がよく理解できた。通報者、相談者の話を聞くコツは今後の仕事に参考して行きたい。グループワークがとてもよかった」

d〈前向きな姿勢の獲得〉

　「関係づくりは大切にしているつもりだったが、具体的な手法を学び、今後の支援に生かせそうで楽しみ」、「どんな困難ケースであっても、かならず支援の糸は見出せる。あせらずゆっくり信頼関係が築ける（糸口を切らない）関係づくりに努めたい」、「改めて、人の良い所を見つける力をつける大切さについて考えさせられた。明日からの仕事に役立てたい」、「今、関係づくりに苦労しているケースがあるので、早速利用したい」、「虐待する家族に対して、強み、ねぎらいという視点をもって関わり、解決志向アプローチをとったりすると事例の見方、関わり方が異なってくるだろうと思った」、「今日の研修の内容を生かして対応することで少し良い方向に向けられそうに思った」、「長い研修はたいてい途中で眠くなってしまうが、面白く、興味をひきつけられる研修だった。具体的で実践しやすく、わかりやすく、とても助かる。明日から取り組んでみる」、「初めて触れた内容であったが、対応するなかで非常に強力なツールとなりうるものと思う。虐待対応に限らず、すべての対応において相手の強みも把握し、ねぎらうことの重要性が理解できた。大変参考になったので、今後の対応に少しでも生かせるよう、努力したい」、「問題点を見つけ出すというより、強みを発見していくという手法に驚くとともに、この手法を使ってみたいと思った」、「やる気がわきあがる内容だった」、「よいところ＝強みを見つけた。それを生かしていくことの大切さ、むずかしさを実感でき、とても参考になった。今後の業務に生かしていきたい。元気をもらって帰れそうだ」、「ロールプレイが多く取り入れられていたので明日からすぐ使える気がする。また虐待だけでなく幅広いケースで活用できそうなのでやってみたい」、「今日の研修を聞いて少しだけ頑張れそうになった」

e〈その他〉

　ここには、研修に対する要望をまとめた。具体的内容としては、㈦研修時間への要望、㈷研修で使用する事例内容への要望、㈹研修プログラム追加の要望、㈺研修方法への要望、である。まず㈦では、「時間数が増えても、ゆとりある時間を希望する」との声が多くあげられた。これは、本研修のスケジュールが全般的にタイトで受講生に慌ただしい印象を与えてしまっていたことによるものと考えられる。次に㈷の研修で使用する事例については、「介護を真剣に考えていないヘビーな事例について学びたい」「すべて拒否の事例に対してAAAではどう対応するのか」「年金搾取についてはどうか」「多問題ケースの解決、対応に特に役立つということであれば、そのような事例でワークしたかった」との要望が多くあげられた。さらに㈹研修プログラムへの要望は、現場において他職種協働の作業がむずかしいため、多職種間の連携をうまく行うためのワークを行いたいとの希望が複数あげられた。最後に㈺研修の実施方法については、「ロールプレイの進め方で毎回ペアを変えるなど工夫をしてほしい」、「ペアの相手次第では研修が苦痛になる」との意見が寄せられた。また、今回の研修では、利用者・家族の気持ちを体験的に理解することを目的として、「受講生自身の生活を語る」ワークを取り入れていた。このクライエントへの共感的理解を養うために、自らクライエントの立場に立って行うワークについては、上述の通り多くの受講生よ

り「気持ちの体験的理解」が可能となると好意的な意見が寄せられていたのであるが、参加者のなかには、そうした体験を逆に不快に感じると記す人もわずかながらいた。

　いずれにしても、自由記述欄には、研修をよりよいものにするための示唆を得る多くの意見が寄せられたため、それぞれの内容について検討を行い、可能なものについては、研修方法を微修正することで対応した。また、研修の設計に関する要望については、シートの改良やロールプレイのやり方など、プログラム改訂を行うなどの対応を行った。

　なお、要望以外の「その他」の内容では、AAAの活用に伴うさまざまな疑問等についてであった。具体的には、「虐待かどうか線引きがむずかしい場合はどうしたらよいか」「丁寧な関与を行うAAAではケースの抱え込みが増えるのではないか」「必ずシートを使わないといけないか」「安全探しをしようとして措置を先送りにしていないか」「家庭訪問時には信頼関係を築くために何度も訪問しましょう、と言われるが、そんなに時間はとれない」などであった。こうした疑問、意見については、AAAのホームページにおいてリプライすることとした。たとえば、「虐待かどうか線引きがむずかしい」という質問に対しては、線引きがむずかしいというグレーゾーンが生じる原因として、まず情報の不足が考えられ、その情報不足の一因に援助関係形成の不十分さがあげられるのではないかと説明した。そして、こうした場合にこそ関係形成を行いながら、危害・リスク、安全のサインをバランスよく把握し、虐待の判断およびその後の対応を丁寧に進めるというAAAの考え方および手法が役に立つのではないかとの解説を行った。

(4) 結果のまとめと考察：AAAの可能性

　以上の結果から、研修参加者はAAAの特徴をよく理解するとともに、AAAの研修を受けたことで虐待事例への対処可能感を向上させることができたと言える。また、所属機関にかかわらず研修への満足度が高く、AAAの考え方や技法が実践に役立つと考えている人が多かった。自由記述の感想からは、AAAの研修が、日頃の実践上で感じている不安の軽減や、日々の実践内容の振り返りによる自分の実践の肯定に、また、家族に対する共感的理解の体験や自分の気持ちの自覚化に寄与すること、こうした体験が援助者を自然な形で「相手を支えたい気持ち」に向かわせる可能性をもっていることを理解することができた。

　対処可能感の向上やAAAを使ってみたいという前向きの姿勢、そして、自由記述に見られた気持ちの変化は、虐待事例に対する困難感や「なるべく関わりたくない」とする回避感情を和らげたり、取り除く役目を果たす。これらのことから、AAAは援助者の虐待事例に対する困難感や回避感情を緩和／除去し、安心して支援に向かう気持ちを醸成する可能性があると考えることができる。援助職が回避感情や抵抗感なく安心して家族とコミュニケーションをとっていくことができれば、家族もまた拒否感や抵抗感を和らげ、状況変化への小さなステップを踏み出せるようになる可能性が出てくる。なお、AAAを使ってみたいと思わないと答えた人の理由は、研修中に寄せられた質問から、すでに既存のシートを使っている、AAAを使うには職場の理解を得る必要があるなどと推察できた。

2節 研修3か月後の効果と影響を与えた要因

1. 調査方法と回答者の特徴

(1) 調査方法

　研修3か月後の時点で、研修で学んだAAAの考え方や技法をどの程度実践で活用しているのか、また、対処可能感はどの程度かを、質問紙調査によって把握した。その結果をもとに、高い対処可能感には何が影響を及ぼしているのか分析を行った。

　調査対象者は、研修参加者のうち、AAAの各種シートの電子ファイルを希望した人である。研修後質問紙調査の最後に、各種シートの電子ファイル送信を希望するかどうかを尋ね、希望する人には送付3か月後に、簡単な質問紙調査を実施する旨、記載しておいた。

　9か所で実施した研修後質問紙調査に回答した人595名のうち、シートを電子ファイルで送付希望したのは173名（全体の29.1％）であった。この173名に、研修3か月後質問紙調査を郵送法で実施した。

(2) 回答者の特徴

　回答者は78名で（回収率45.1％）、その所属組織は、地域包括（53.8％）、行政機関（23.1％）、居宅（15.4％）などであった。保有資格は、社会福祉士（57.5％）、介護支援専門員（33.2％）、介護福祉士（23.0％）などが多い（複数回答）。地域ケアの経験年数は4年以下（55.1％）が半数を超えているが10年以上の回答者も20.5％ほどいる（図表4-2-1）。

　これまでの高齢者虐待対応件数は、「1～5件」59.0％が多い。「6件以上」と虐待事例に多く関わってきた人も全体の2.5割（「6～10件」16.7％、「11件以上」9.0％）程度いるが、「対応なし」の人（12.8％）もいた。虐待対応についてうまく対応できていると思うか、という問いを、「まったく自信がない」を0点、「十分に自信がある」を10点とすると、今の自信の程度は何点か、と尋ねて、0点から10点までのスケール上の点数に○をつけてもらったところ、「0～3点」35.9％、「4～5点」38.5％、「6点以上」23.1％という結果となった（図表4-2-2）。

(3) AAAの基本的考え方とシートの活用

　基本的な考え方—①支援の早い段階から危害リスクと強みをアセスメント、②家族支援が重要、③強みをアセスメント、④関係づくりに雑談を活用、⑤客観的事実に基づくねぎらい—を、日頃の実践で活用しているかどうか尋ねた結果は、①を除いたすべてについて80％以上の回答者が活用していた。

　AAAの6つのシートはいずれも1割以下しか活用がなかったが、その理由としては、「虐

待事例がない」「組織合意がない」というものが多かった。

図表4-2-1 回答者の特徴　N＝78

		度数	%
所属機関			
	行政機関	18	23.1
	地域包括	42	53.8
	居宅	12	15.4
	その他	6	7.7
	計	78	100.0
保有資格			
（複数回答）	介護支援専門員	26	33.2
	社会福祉主事	9	11.5
	社会福祉士	45	57.5
	精神保健福祉士	3	3.8
	保健師	11	14.1
	看護師	3	3.8
	介護福祉士	18	23.0
	その他	5	6.4
	計	120	153.4
経験年数			
	4年以下	43	55.1
	5－9年	19	24.4
	10年以上	16	20.5
	計	78	100.0

図表4-2-2 虐待対応件数と対応への自信　N＝78

		度数	%
虐待対応件数	対応なし	10	12.8
	1－5件	46	59.0
	6－10件	13	16.7
	11件以上	7	9.0
	NA	2	2.6
	計	78	100.0
対応への自信			
	0－3点	28	35.9
	4－5点	30	38.5
	6点以上	18	23.1
	NA	2	2.6
	計	78	100.0

2. 研修3か月後の対処可能感はどのようなものか

　3か月後調査（T3調査）の対象者は、研修後にAAAの様式を活用したいと申し出た自発的協力者であるため、AAAに対する期待度は高い群であると考えられる。これらの群において、研修の3か月後の対処可能感はどのようなものだろうか、またその高さに関連する要因は何なのだろうか。これを検討するために、本節では対象者を対処可能感得点の中央値で分け、得点が高い群と得点が低い群の特徴を比較することとした。

　回答者全体の対処可能感の中央値は26.0（平均値26.4点、標準偏差3.7点）であった。これは研修前（T1調査）の中央値25.9に近く、研修後（T2調査）の中央値28.0より低い。つまり、全体的な傾向としては研修の直後効果は消失し、研修前と同じような状態に戻っていることが示唆される。そこで、この26.0をカットオフ点として、この点より高得点だった群を、「研修で高まった対処可能感が維持された群（対抗可能感高群）」とし、この点より低得点だった群を「研修で高まった対処可能感が元の状態に低下した群（対抗可能感低群）」として2群に分け、両者の特徴を比較することを通して、研修で高まった対処可能感の維持に影響を与える要因が何かを探った。なお、「対処可能感低群」は35人（中央値24点、平均値23.9点、標準偏差2.1点）、「対処可能感高群」は26人（中央値29点、平均値29.7点、標準偏差2.6点）であった。

図表4-2-3　所属機関別　対処可能感の高低

	対処可能感低群		対処可能感高群	
	度数	%	度数	%
行政機関	10	22.7	8	23.5
地域包括	24	54.5	18	52.9
居宅	7	15.9	5	14.7
その他	3	6.8	3	8.8

　所属機関別では、地域包括では対処可能感高群がやや多いのに対し、居宅では対処可能感の低群がやや多いが、統計的に有意な差は認められなかった。

図表4-2-4 所持資格別 対処可能感の高低

	対処可能感低群		対処可能感高群	
	度数	%	度数	%
社会福祉主事	5	11.4	4	11.8
社会福祉士	25	56.8	20	58.8
精神保健福祉士	2	4.5	1	2.9
福祉系資格小計	27	61.4	22	64.7
保健師	7	15.9	4	11.8
看護師	2	4.5	1	2.9
医療系資格小計	9	20.5	5	14.7
介護支援専門員	14	31.8	12	35.3
介護福祉士	9	20.5	9	26.5
介護系資格小計	18	40.9	13	38.2
その他	1	2.3	4	11.8

　所持資格別では、保健師のみ対処可能感低群の割合がやや高く、社会福祉主事、社会福祉士、精神保健福祉士等の福祉系の資格所持者では対処可能感高群の割合がやや高かったが、統計的に有意な差は見られなかった。

　複数の資格取得も見られたこともあり、社会福祉主事・社会福祉士・精神保健福祉士のいずれかを所持していれば「福祉系資格所持」、看護師・保健師のいずれかを所持していれば「医療系資格所持」、介護福祉士または介護支援専門員を所持していれば「介護系資格所持」として集計したが、結果に大きな違いはなかった。

図表4-2-5 経験年数別 対処可能感の高低

	対処可能感低群		対処可能感高群	
	度数	%	度数	%
4年以下	28	63.6	15	44.1
5－9年	10	22.7	9	26.5
10年以上	6	13.6	10	29.4

　経験年数別に見ると、「4年以下」では対処可能感低群、対処可能感高群の比率はほぼ同程度であったが、経験年数が長くなるにつれて対処可能感高群の割合は増えていた。経験年数を4年以上、以下で区分してフィッシャーの直接確率検定を行ったところ、$p=0.09$とわずかながら傾向差が見られた。

図表4-2-6　虐待対応件数別　対処可能感の高低

		対処可能感低群		対処可能感高群	
		度数	%	度数	%
対応件数	対応なし	8	19.0	2	5.9
	1－5件	23	54.8	23	67.6
	6－10件	8	19.0	5	14.7
	11件以上	3	7.1	4	11.8

　虐待対応件数については、「対応なし」や「1－5件」と比べると「6件－10件」「11件以上」では対処可能感高群の比率が高かったが、統計的に有意なものではなかった（図表4-2-6）。対応件数が多いからと言って熟練により対処可能感が高くなるわけではないようだ。

図表4-2-7　シートの活用割合別　対処可能感の高低

		対処可能感低群		対処可能感高群		Fisher's test
		度数	%	度数	%	
危害リスク確認シート	活用している	6	13.6	7	20.6	n.s.
	活用していない	38	86.4	27	79.4	
安全探しシート	活用している	4	9.1	6	17.6	n.s.
	活用していない	40	90.9	28	82.4	
タイムシート	活用している	7	15.9	8	23.5	n.s.
	活用していない	37	84.1	26	76.5	
安心づくりシート	活用している	1	2.3	6	17.6	p = .03
	活用していない	43	97.7	28	82.4	
プランニングシート（機関用）	活用している	1	2.3	4	11.8	n.s.
	活用していない	43	97.7	30	88.2	
プランニングシート（話し合い用）	活用している	1	2.3	5	14.7	p = .08
	活用していない	43	97.7	29	85.3	

　すべてのシートのうち、活用率が高いのはタイムシート、危害リスク確認シート、安全探しシートであった。危害リスク確認シートや安全探しシート、タイムシートでは対処可能感低群でも活用率が高かったが、安心づくりシートやプランニングシート（機関用、話し合い用）の活用者の大半は対処可能感高群であった。活用人数が少ないため解釈は丁寧に行う必要があるが、安心づくりシートの活用と対処可能感の高低との間に有意な関係が（Fisher's test, p=0.03）、またプランニングシート（話し合い用）の活用と対処可能感の高低との間に一定の傾向が示された（Fisher's test, p=0.08）。安心づくりシートやプランニングシート（話し合い用）の活用は、対処可能感を高めることに役立っていることが示唆された（図表4-2-7）。

図表4-2-8 対処可能感の高低別 AAAの基本的な考え方への評価度

	対処可能感低群 (N = 44)		対処可能感高群 (N = 34)	
	度数	%	度数	%
虐待状況については危害状況やリスクだけでなく、強みも把握することができる	34	79.1	32	94.1
ご家族（介護者）が虐待状況についてどのように捉えているか、できるだけ尋ねることができる	27	62.8	27	79.4
ご家族に対し、客観的事実に基づいて共感したり、ねぎらったりすることができる	42	95.5	34	100.0
ご家族が今後どうしたいのか、その希望や夢について話し合うことができる	37	84.1	30	88.2
ご家族との良好な関係を築きながら支援計画をつくることができる	32	72.7	28	82.4
ご家族との関係づくりに「雑談」を活用することは支援の質を向上させる	42	95.5	34	100.0
本人やご家族がどうしたいかを聞くことは、支援計画の質を高め、協力して防止に取り組む鍵である	44	100.0	34	100.0
時間をかけてチームで努力すれば、よい方向へ変化が引き出せると思う	43	97.7	33	97.1

度数および%は、「とてもそう思う＋まあそう思う」の回答者の和を示す。

図表4-2-9 対処可能感の高低別 AAAの基本的な考え方への評価度（平均値）

	対処可能感低群			対処可能感高群			検定統計量	
	N	Mean	S.D.	N	Mean	S.D.	t値	p
虐待状況については危害状況やリスクだけでなく、強みも把握することができる	43	2.9	0.6	34	3.2	0.5	－2.108	.038
ご家族（介護者）が虐待状況についてどのように捉えているか、できるだけ尋ねることができる	43	2.7	0.6	34	2.9	0.6	－2.000	.049
ご家族に対し、客観的事実に基づいて共感したり、ねぎらったりすることができる	44	3.2	0.5	34	3.5	0.5	－2.544	.013
ご家族が今後どうしたいのか、その希望や夢について話し合うことができる	44	3.0	0.6	34	3.1	0.6	－.731	.467
ご家族との良好な関係を築きながら支援計画をつくることができる	44	2.7	0.5	34	3.0	0.6	－2.093	.040
ご家族との関係づくりに「雑談」を活用することは支援の質を向上させる	44	3.4	0.6	34	3.6	0.5	－2.113	.038
本人やご家族がどうしたいかを聞くことは、支援計画の質を高め、協力して防止に取り組む鍵である	44	3.6	0.5	34	3.7	0.5	－.768	.445
時間をかけてチームで努力すれば、よい方向へ変化が引き出せると思う	44	3.3	0.5	34	3.5	0.6	－2.057	.044

各項目に対して「とてもそう思う＝4点」～「そう思わない＝1点」として、平均点を対処可能感の高い群低い群でそれぞれ求めたもの。

図表 4-2-10　AAA の基本的な考え方の評価度（平均値）のグラフ

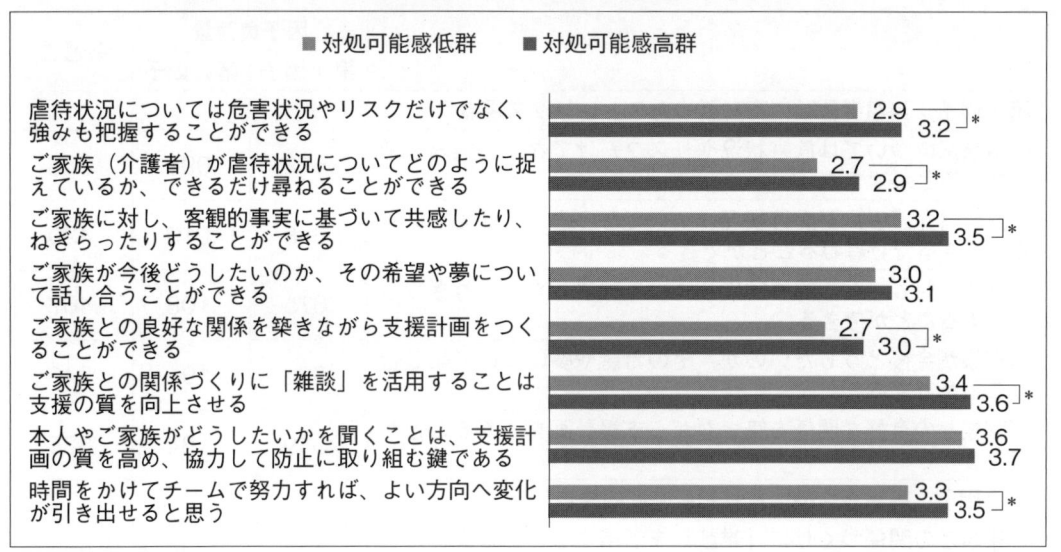

項目	対処可能感低群	対処可能感高群	
虐待状況については危害状況やリスクだけでなく、強みも把握することができる	2.9	3.2	*
ご家族（介護者）が虐待状況についてどのように捉えているか、できるだけ尋ねることができる	2.7	2.9	*
ご家族に対し、客観的事実に基づいて共感したり、ねぎらったりすることができる	3.2	3.5	*
ご家族が今後どうしたいのか、その希望や夢について話し合うことができる	3.0	3.1	
ご家族との良好な関係を築きながら支援計画をつくることができる	2.7	3.0	*
ご家族との関係づくりに「雑談」を活用することは支援の質を向上させる	3.4	3.6	*
本人やご家族がどうしたいかを聞くことは、支援計画の質を高め、協力して防止に取り組む鍵である	3.6	3.7	
時間をかけてチームで努力すれば、よい方向へ変化が引き出せると思う	3.3	3.5	*

＊：p＜.05

　AAA の基本的な考え方をどの程度評価しているかと、対処可能感の高低を比較した結果を図表 4-2-8 から 4-2-10 に示す。目標についての話し合いに関する、「ご家族が今後どうしたいのか、その希望や夢について話し合うことができる」や、「本人やご家族がどうしたいかを聞くことは、支援計画の質を高め、協力して防止に取り組む鍵である」については、目標志向型のケアマネジメントが謳われている今日、対処可能感の高低にかかわらず高い評価となっていた。しかし、「虐待状況については危害状況やリスクだけでなく、強みも把握することができる」、「ご家族（介護者）が虐待状況についてどのように捉えているか、できるだけ尋ねることができる」等、AAA の根幹をなすストレングスの把握や家族の主観的体験の理解については対処可能感が高い群の方が有意に高く評価していた。また、「ご家族との良好な関係を築きながら支援計画をつくることができる」、「ご家族との関係づくりに『雑談』を活用することは支援の質を向上させる」等の家族との関係づくりや「雑談」の活用も、対処可能感高群で高く評価されていた。

　なお、この AAA の基本的な考え方の評価の項目については、主因子法バリマックス回転を用いた因子分析によりその構造を分析した。その結果を図表 4-2-11 に示す。2 つの因子が抽出され、第 1 因子には「虐待状況については危害状況やリスクだけでなく、強みも把握することができる」、「ご家族（介護者）が虐待状況についてどのように捉えているか、できるだけ尋ねることができる」、「ご家族に対し、客観的事実に基づいて共感したり、ねぎらったりすることができる」等が高い負荷を示しており、「当事者体験に寄り添ったストレングス視点」と名付けた。第 2 因子には「ご家族との関係づくりに『雑談』を活用することは支援の質を向上させる」、「本人やご家族がどうしたいかを聞くことは、支援計画の質を高め、協力して防止に取り組む鍵である」、「時間をかけてチームで努力すれば、よい方向へ変化が引き出せると思う」がまとめられ、「高齢者虐待防止に取り組む基礎的視点」と名付けた。これらの因子得点を続く重回帰分析で用いた。

図表4-2-11　AAAの基本的な考え方の評価に関する因子分析結果

	因子負荷量		共通性
	第1因子	第2因子	
第1因子：当事者体験に寄り添ったストレングス視点			
虐待状況については危害状況やリスクだけでなく、強みも把握することができる	.572	.091	.335
ご家族（介護者）が虐待状況についてどのように捉えているか、できるだけ尋ねることができる	.648	.010	.420
ご家族に対し、客観的事実に基づいて共感したり、ねぎらったりすることができる	.675	.108	.467
ご家族が今後どうしたいのか、その希望や夢について話し合うことができる	.556	.191	.346
ご家族との良好な関係を築きながら支援計画をつくることができる	.549	.184	.335
第2因子：高齢者虐待に取り組む基礎的視点			
ご家族との関係づくりに「雑談」を活用することは支援の質を向上させる	.002	.935	.874
本人やご家族がどうしたいかを聞くことは、支援計画の質を高め、協力して防止に取り組む鍵である	.114	.433	.200
時間をかけてチームで努力すれば、よい方向へ変化が引き出せると思う	.147	.440	.215
因子寄与率	23.110	16.810	
累積寄与率	23.110	39.920	

3．3か月後の対処可能感にもっとも影響する因子の分析

　上記の分析からは、経験年数や安心づくりシート、プランニングシートの活用、AAAの基本的な考え方のうち特にストレングス視点に立ち、当事者家族の体験の理解に努めることなどが、研修3か月後の対処可能感の高さと関連していることが明らかになった。では、いくつかの要因を同時に検討した場合には、何がもっとも強く影響すると考えられるだろうか。それを調べるため、重回帰分析法を用いて、変数相互の関連性を統制しつつ影響力の強さを検討した。

　ここでは、対処可能感の総得点と対処可能感の下位因子のそれぞれを従属変数とした重回帰分析をデザインした。説明変数として投入したのは、医療系資格の所持（あれば1点、なければ0点）、福祉系資格の所持（同前）、経験年数や虐待対応経験件数（いずれも粗点）、各シートの活用の有無（活用していれば1点、なければ0点）、AAAの基本的な考え方の評価について因子得点（「当事者体験に寄り添ったストレングス視点」、「高齢者虐待防止に取り組む基礎的視点」）とした。

　対処可能感総得点に対する結果を図表4-2-12に示す。この結果もっとも強い正の影響力をもつのが「安心づくりシート」の活用であり、ついで「経験年数」であった。その他の資格やAAAの基本的な考え方の影響については、これらの変数の影響によって相殺された

と言える。つまり経験年数が長くなることは、高齢者家族支援のスキルの向上につながり、AAAで提示している基本的な考え方の応用力の高さにつながると考えられる。また安心づくりシートを用いた面接ができれば、問題が語られた後に例外や強みを確認し合うプロセスが含まれた重要な対話を展開することが可能になり、家族の体験に寄り添いながら虐待状況や強みについて話し合うことができるため、より建設的な仕方で今後の支援の手掛かりを見つけることができると考えられた。

図表 4-2-12　対処可能感総得点を従属変数とした重回帰分析

	標準化係数 β
福祉系資格の所持（ダミー変数）	.164
医療系資格の所持（ダミー変数）	－.040
経験年数	.256 *
事例対応件数	.122
危害リスク確認シートの活用	－.204
安全探しシートの活用	－.111
タイムシートの活用	.089
安心づくりシートの活用	.661 *
プランニングシート（機関用）の活用	－.138
プランニングシート（話し合い用）の活用	－.192
因子得点『当事者体験により添ったストレングス視点』	.162
因子得点『高齢者虐待防止に取り組む基礎的視点』	.163
R	.603
R2乗	.364
調整済みR2乗	.240

＊：$p < .05$

　さらに対処可能感を構成する下位因子についても同様の検討を加えた。結果を図表4-2-13に示す。対処可能感のうち「対処困難意識の低さ」に正の関連がみられたのは、「安心づくりシートの活用」であった。経験年数や対応件数、資格等に関わりなく、「安心づくりシート」を活用することで高齢者虐待事例に対応する際の対処困難感を低くすることに役立つと考えられる。
　また、対処可能感のうち「対処の工夫や気づきの高さ」に強い正の関連を示したのが、「当事者体験に寄り添ったストレングス視点」や、「高齢者虐待防止に取り組む基礎的視点」といったAAAの基本的な考え方に肯定的な評価をしていることであった。実践的な関与の評価が、これらの対処の工夫や気づきの実践と関連していた。経験年数は正の関連傾向が、ま

図表4-2-13　対処可能感下位因子を従属変数とした重回帰分析

	対処可能感Ⅰ 対処困難意識の低さ β	対処可能感Ⅱ 対処の工夫や気づきの高さ β
福祉系資格の所持（ダミー変数）	.208	.022
医療系資格の所持（ダミー変数）	－.066	.015
経験年数	.208	.197 [†]
事例対応件数	.122	.062
危害リスク確認シートの活用	－.019	－.359 [†]
安全探しシートの活用	－.278	.176
タイムシートの活用	.013	.150
安心づくりシートの活用	.628 [*]	.381
プランニングシート（機関用）の活用	.089	－.385
プランニングシート（話し合い用）の活用	－.334	.100
因子得点『当事者体験により添ったストレングス視点』	－.018	.331 [**]
因子得点『高齢者虐待防止に取り組む基礎的視点』	.010	.295 [**]
R	.507	.640
R2乗	.257	.410
調整済みR2乗	.113	.296

[†]：$p<.10$、[*]：$p<.5$、[**]$p<.01$

た「危害リスク確認シート」の活用は負の関連傾向が見られたことから、経験年数が重なることは高齢者虐待事例への「対処の工夫や気づき」を高める傾向があるが、危害リスク確認シートのようなリスクアセスメントを中心とした関与だけでは、むしろ「対処の工夫や気づき」に否定的な影響がありうることが示唆された。

　AAAでは問題行動を軽視するわけではないが、問題と同時に強みに焦点付けを行うことが重要であると主張している。本研究の結果はそれを裏付けるものと言えるだろう。すなわち、問題を丁寧に分析することだけでは、援助職が疲弊してなんとか対応を工夫することもむずかしくなるかもしれないが、本人や家族との関係づくりを大切にしてストレングスを意識した対話を続けることで対処の工夫を見つけやすくなり、粘り強い支援を提供できるようになると考えられる。

　なお、本研究は対象者が研修参加者であり、かつ3か月後のアンケートにも回答をしてくれた比較的高齢者虐待事例への対応に関心の高い群であるため、結果の一般化には限界がある。だが、AAAの基本的な考え方を実践することは、高齢者虐待事例への対応に当たる援助職にとって、対処可能感の向上に一定の寄与があると考えることができる。

3節 フォローアップ調査による検証

1．調査目的・方法と虐待事例の基本情報

(1) 調査の目的

　研修後のフォローアップ調査の目的は、研修を受けた援助職が、AAAを実際の虐待事例に活用することで、虐待する家族と少しでも話し合える関係を、また、問題状況や状況変化等について対話できる関係をつくることができたのかどうか、さらに、虐待する家族は状況を変えていく意欲をもつようになったかどうかを明らかにすることである。

　AAAの基本的な考え方に基づいて実践を行っていけば、話し合いができる関係がつくれ、そうした関係の下で、虐待する家族の意欲も肯定的に変化する。こうしたことが事例調査の結果から明らかになれば、AAAは、援助職に有用な介入アプローチであるということができるだろう。

　フォローアップ調査は、経過記録調査とインタビュー調査によって行った。インタビュー調査については3．で記述することにし、まず、経過記録調査の結果について述べる。

(2) 経過記録調査の方法

　経過記録調査は、A4の用紙1枚（両面）から成る個人情報記載欄なしの経過記録シートを、面接のたびに記録してもらうというものである。援助職には守秘義務が課されているので、事例のプライバシーに関する情報を得ることはできない。そこで、AAAの実践状況については、次の3種類の質問の仕方で情報を得ることとした。①「介護者支援を念頭に置いて面接する」「本人・介護者が今後どうしたいのか尋ねる」など、AAAの研修で強調したAAAの基本的な考え方と方法の9項目を並べ、面接を行った日のやりとりで実施した項目に○をつけてもらう設問、②「心配なことが起こりやすいパターン」など、安心づくりシートを用いて尋ねる4つの項目を並べ、面接で取り上げた項目に○をつけてもらう設問、③面接で高齢者ご本人・ご家族（介護者等）・家庭状況について、「自己資源（強み、長所、能力等）」や「援助資源（支援者、ペット、宝物等）」を発見したかどうか（発見した場合には、用意した6つの記述欄に簡単に記述してもらう）という設問である。これらの設問は経過記録シートのオモテ面に載せた。

　ウラ面には、3種類のスケーリングの質問を載せた。④虐待する家族と話し合える関係になれたかという、虐待者との関係性を点数で評価するというスケーリング、⑤虐待する家族は今の状況を変えていく気持ちをもっているかという、虐待者の意欲を点数で評価するというスケーリング、⑥ケース対応として自分にできることはやれているかという自己評価のスケーリングである。これらのスケーリングについては、その評価点についての根拠を尋

経過記録シート

登録番号（　　　　　　　　　）　　　担当者（　　　　　　　　　　　）
面接日：　　年　　月　　日　　　　　記入日：　　年　　月　　日

1. この日の介護者の方とのやりとり（面接や電話相談など）で、実施した項目があれば番号に○をつけてください。なお、**項目が並んでいるからといって、毎回の面接ですべての項目を実施しなければならない、と考える必要はありません**。項目にないことを実施されていれば、それを簡単に記述してください。

1.	介護者支援を念頭に置いて面接する
2.	危害状況（虐待の事実・おそれ）について確認する
3.	新しい強み/資源を発見する
4.	関係づくりに「雑談」を活用する
5.	状況について客観的な事実を丁寧に聞く
6.	高齢者本人が状況についてどのように考えているか尋ねる
7.	養護者が状況についてどのように考えているのか尋ねる
8.	困ったときの対処や介護の工夫などの具体的事実を聞き、それをもとに本人や介護者をねぎらう
9.	本人・介護者が今後どうしたいのかを尋ねる
10.	その他（1～9以外のこと）を簡単に記述してください：

2. 介護者の方との話の中で、取上げた項目があれば、番号に○をつけてください。項目にないことを取り上げていれば、それを簡単に記述してください。

1	心配なことが起こりやすいパターン
2	心配ごとが生じてもおかしくない状況であるにもかかわらず、なんとかうまくやれた場面
3	これまでの家族の関係
4	本人や養護者が「譲れない」と思っていること、大事にしていること、尊重している人など
5	その他（1～4以外のこと）を簡単に記述してください：

3. 今回の面接で、高齢者ご本人・ご家族（介護者）・家庭状況について、「自己資源（強み、長所、能力等）」や「援助資源（支援者、ペット、宝物等）」を発見することはできましたか？発見したもの/ことを記述してください（家庭状況＝高齢者・家族双方に関わるもの；「安全探しシート」を参照してください）。

	「自己資源（強み、長所、能力等）」	「援助資源（支援者、ペット、宝物等）」
高齢者ご本人		
ご家族（介護者）		
家庭状況		

©AAA（安心づくり安全探しアプローチ研究会）

経過記録シート

4．以下の質問について、点数に○をつけてください。
(1) 養護者の方と話し合える関係になれましたか？まったく話し合える関係ではない状態を0点、十分話し合える状態を10点とすると、今の状態は何点でしょう？

    0点 1 2 3 4 5 6 7 8 9 10点

  何があるから（あったから）上記の点数とされたのでしょうか？
  （   ）

  次回の面接で、養護者との関係が具体的にどうなっていたら（例1：今回はご本人に挨拶できた程度だったので、次回は養護者に会いお困りのことは何かを聞いてみる、例2：今回ちょっとだけ話してくれたので、次回はもう少し聞いてみる）、今の点より1点上がった、あるいは、上向きそうな兆しが見られる、と考えられるでしょうか？
  （   ）

(2) 養護者の方は今の状況を変えていく気持ちをもっておられるでしょうか？まったくと言ってよいほどもっておられない状態を0点、十分もっておられると言える状態を10点とすると、今の状態は何点でしょう？

    0点 1 2 3 4 5 6 7 8 9 10点

  何があるから（あったから）上記の点数とされたのでしょうか？
  （   ）

  次回の面接で、養護者の状況変化に対する気持ちや意欲は具体的にどうなっていたら（例1：今回、介護保険利用の話しに応じる様子がなかったので、次回、これについて話合いに応じてくれる、例2：今回は聞く耳をもたなかったが、次回、施設入所について少しでも話し合えるようになる）、今の点より1点上がった、あるいは、上向きそうな兆しが見られると考えられるでしょうか？
  （   ）

(3) あなたは、このご家族のケースに対して、自分にできることはやれていると思いますか。「まったくやれていないと思う」を0点、「十分にやれていると思う」を10点とすると、今の自信の程度は何点でしょうか。下記のスケールで当てはまる数字を○で囲んでください。

    0点 1 2 3 4 5 6 7 8 9 10点

  何があるから（あったから）上記の点数とされたのでしょうか？
  （   ）

  次回の面接で具体的にどうなっていたら、ご自身の対応にかんする評価は、今より1点だけあげてよいと思えるでしょうか？
  （   ）

5．今回の面接の前に関係機関等とのカンファレンスを実施されていれば、その日付けを記入し、参加された方を○で囲んでください。
  実施日：   年   月   日
  参加者： 地域包括職員 行政職員 居宅介護支援事業所CM サービス事業所責任者
       ご本人 養護者 その他の家族・親族
       その他（   ）

                            ©AAA（安心づくり安全探しアプローチ研究会）

ねる質問と、次回の面接の目標を尋ねる質問も載せた。

　援助職が日頃記述している経過記録のほかに、新たにAAAの経過記録シートを記入することは、援助職にとって負担となるので、調査目的を理解したうえで協力してくれる人に調査を依頼する必要がある。そこでまず、私たちがこれまで関わりをもっていた3つの自治体の高齢者支援課に協力を要請した。了解を得たうえで、各自治体の高齢者虐待担当職員や地域包括職員にAAAの研修に参加してもらい、研修後にフォローアップ調査の目的と方法を資料を用いて口頭で説明し、協力を求めた。協力してくれる職員には、所属長への協力依頼文を渡し、所属長の了承を得たのち、調査への同意書を提出してもらった。

　また、2か所の地域包括には出向いて所属長に説明し、了解を求めた。これ以外にも、研修後にフォローアップ調査の協力を求めたところ、何人かの行政職員と地域包括職員が協力に応じてくれることになった。その結果、フォローアップ調査の協力者は、行政機関職員6人（4か所の自治体、いずれも女性）、地域包括職員21人（15か所の地域包括、女性14人、男性7人）となった。

　これらの協力者には、経過記録シートと記入要領を記載した文書を送り、自分が関わる虐待事例少なくとも1事例について経過記録シートを記入するよう求めた。また、AAAのブログに載せたAAAの基本的考え方や研修参加者からの質問への回答の文章を、数回にわたりメールもしくはファックスで送った[1]。その際、経過記録シート記入後は、1枚ずつでも数枚まとめてもよいので、送付してくれるよう依頼する文章も合わせて送った。なお、面接は対面によるものだけでなく、電話によるものも含めることとした。

　調査期間は2010年9月末から2011年3月末とし、経過記録シートを記載する期間は長くても6か月間とした。虐待ケースは他の相談ケースと異なり、個々の援助職が頻繁に遭遇するわけではない。そこで、調査開始時点ですでに継続的に支援していた事例を取り上げてもよいとした。ただし、こうした事例の場合でも、経過記録シートの記入は調査開始以後の面接からにしてもらった。

(3)　虐待事例の基本情報

　協力者のうち、記入した経過記録シートを1枚以上送付してくれた協力者は13人であった（女性11人、男性2人）。1事例について2人で担当した例もあったので、経過記録シートを用いた事例として提出されたのは11事例である。

　この11事例については、被虐待者の性別、年代、要介護度、虐待者の続柄、支援担当者の職種等について選択肢を選んでもらう簡単なアンケート用紙を配布し、記入してもらった。ただし、1事例については、基本情報の記載がなかったため、以下では10事例についてその基本情報を記す。

　この10事例を担当したのは、行政機関職員1人、地域包括職員11人で、資格は社会福祉士が10人、主任介護支援専門員が2人である。年代は、20代2人、30代2人、40代6人、50代3人、地域ケア歴は、1年未満～2年が4人、3年～6年が4人、15年以上が1人、不明4人であった。1年未満～2年の4人も不明の4人も、以前から高齢者施設等で就労してお

り、高齢者ケアについてはベテランの人たちであった。

10事例のうち、被虐待者が女性のケースが8、男性が2で、要介護度は要支援1から要介護4まで多様であった。認知症の有無は、なしが4で、認知症自立度Ⅰ〜Ⅱが2、Ⅲが4ケースである。虐待者が男性のケースが10、女性が2(娘と配偶者、息子と夫の2人が虐待者の事例あり)、虐待者の続柄は夫3、息子4、娘2、娘の配偶者3、世帯構成は、単身世帯が1、夫婦2人世帯2、未婚の子との同居世帯4、既婚の子との同居世帯3で、虐待種類は、身体的虐待8、ネグレクト3、心理的虐待3(複数事例あり)であった(図表4-3-1)。

これらの結果は、厚生労働省の調査結果と比べると、被虐待者の認知症自立度が低いほうと高いほうに分かれている点と、虐待者に娘の配偶者がやや多い点が異なるだけで、あとは類似の傾向となっている。つまり、これらの10事例は特異な事例というわけではなく、よくある事例と考えてよい。

表4-3-1　虐待事例の基本情報

	No.1	No.2	No.3	No.4	No.5	No.6	No.7	No.8	No.9	No.10
被虐待者性別	男性	男性	女性	女性	女性	女性	女性	女性	女性	女性
年齢	80代前半	80代前半	90歳代前半	80歳代前半	70歳代後半	60歳代	70代後半	80歳代後半	70代前半	80代後半
要介護度	要支援2	要介護3	要支援1	要介護4	要支援2	要介護1	要支援1	要介護4	要支援1	要介護4
認知症自立度	自立	Ⅲ	自立	自立	Ⅰ〜Ⅱ	自立	Ⅲ	Ⅲ	Ⅰ〜Ⅱ	Ⅲ
同別居	同居	近隣別居	同居	同居	同居	同居	同居	同居	同居	同居
世帯類型	未婚の子と同居	単身世帯	未婚(独身)の子と同居	既婚の子と同居	夫婦二人世帯	夫婦二人世帯	既婚の子と同居	既婚の子と同居	未婚の子と同居	夫と未婚の子との同居
虐待者性別	男性	男性	女性	男性	男性	男性	男性、女性	男性	男性	男性
年齢	50代	50代	60代後半	50代	80代前半	70代後半	ともに50代	60代前半	30代	90代と60代
続き柄	息子	息子	娘	娘の配偶者	夫	夫	娘とその配偶者	娘の配偶者	息子	夫と息子
介護担当	主たる介護者	主たる介護者	主たる介護者	副たる介護者	主たる介護者	主たる介護者	主たる介護者、副たる介護者	副たる介護者	介護せず	主たる、副たる介護者
相談・通報者	CM	CM	虐待者自身	CM	虐待者自身	虐待者自身	CM	CM	NA	医療機関
虐待種類	身体的虐待	身体的虐待	身体的虐待	身体的虐待　心理的虐待	身体的虐待　心理的虐待	ネグレクト	ネグレクト　身体的虐待	身体的虐待	心理的虐待	身体的虐待、ネグレクト　心理的虐待

CM=ケアマネジャー(介護支援専門員)

2. 経過記録シートにみるAAAの実施状況

(1) 事例概要と面接回数

この10事例のうち、3事例(No.2、No.4、No.8)は、経過記録シート1枚の提出、つまり面接1回で虐待事例としては終結したケースであった。

No.2は、調査以前から関与していたケアマネジャーから、80代前半の男性が50代の息子から身体的虐待を受けているおそれがあると相談・通報があった事例である。調査の結果、危害状況は軽度であるとして、その後もケアマネジャー中心の支援を継続することにな

った。その後、デイサービスの入浴時の確認でも傷などは見られないとの報告がケアマネジャーから入っている。

No.8は、調査期間中に、同一法人のケアマネジャーから、80代後半の女性が60代前半の娘の配偶者から身体的虐待を受けているおそれがあるとして相談通報があった事例である。訪問調査の結果、緊急性はないとして、以後はケアマネジャーが主体となって支援に入ることになった。地域包括はケアマネジャーの後方支援に回ることで、以後、直接的な関与はしていない。

No.4は、調査期間以前にすでに高齢者は老人保健施設に入所していた事例である。調査期間に入ってから行われた家族との面接のあと、特別養護老人ホームに入所したので、高齢者虐待事例としては終結している。

これ以外の事例は、2回以上面接を行っている。事例の概要と面接回数を記しておく。

No.1は、調査期間中にケアマネジャーから相談・通報のあった新規ケースで、80代前半の男性に50代の息子が身体的虐待を行っているという事例である。約2か月間に3回の面接を経て通所サービスを利用するに至っている。

No.3は、虐待者自身（娘）から相談のあった事例で、調査開始時点ですでに90代前半の母親は特別養護老人ホームに措置入所していたケースである。虐待者の今後について支援していくために関与を継続していた事例で、虐待者との6回目の面接から経過記録シートが記入された。約3か月間に3回の面接が行われている。

No.5は、調査開始前から介護相談で対応していたケースであるが、7回目の面接時点から、「手が出る」という話が出てきたため、虐待のおそれありとして面接を始め、約1か月の間に3回行っている。

No.6は、調査期間中に、60歳代の妻を介護している70代後半の夫から相談のあった事例で、当初、サービス利用に拒否的であった。ネグレクトとして対応している。約2か月間に3回の面接を行い、夫はサービス利用に前向きになってきている。

No.7は、調査期間中に娘の配偶者から70代後半の義母についてネグレクトとして相談のあった事例である。約4か月の間に6回の面接を行っているが、面接5回の後に義母が検査入院している。

No.9は、調査期間中に新規に関与することになった、未婚の息子と同居する70代前半の母親のネグレクトの事例である。約2か月間に4回面接している。2回目の面接後に、母親は入院したが、退院後について検討するため面接を継続している。

No.10は、80代後半の女性が90代の夫から身体的虐待、心理的虐待を受け、夫と60代で障害をもつ息子が適切な介護を行っていないためにネグレクト状態にあったという事例である。調査開始時点で女性はすでに入院していたが、高齢者本人の今後だけでなく、高齢の夫、障害をもつ息子の今後を支援していくために、夫に対しては3か月の間に6回、息子に対しては約2か月間に2回の面接を行っている。夫と息子は、それぞれ別の援助職が面接をし、別々に経過記録シートが提出された。そこで、AAAによる面接の実態については、No.10-1（夫）、No.10-2（息子）として見ていくことにした。

よって以下では、11事例について、特に、2回以上面接を行った事例に焦点を当ててみていく。

(2) 面接で実施した項目

AAAの研修で強調している面接の基本項目のうち、「1＝介護者支援を念頭に置いて面接をする」は、11事例のうちの10事例において実施されていた。また、「3＝強み／資源の発見」と「7＝虐待者に状況についてどのように考えているか尋ねる」は、8事例で実施されていた。しかもこれらは、同一事例において何度か繰り返し実施されていた。

「5＝状況について客観的事実を丁寧に聞く」と「9＝本人・介護者が今後どうしたいのかを尋ねる」、「4＝雑談を活用する」は7事例で、「2＝危害状況（虐待の事実・おそれ）について確認する」、「6＝高齢者本人に状況についてどのように考えているか尋ねる」、「8＝困ったときの対処や介護の工夫などの具体的事実を聞き、それをもとに高齢者や介護者をねぎらう」は6事例で実施されていた（図表4-3-2）。

図表4-3-2　面接で実施したAAAの項目

	No.1	No.2	No.3	No.4	No.5	No.6	No.7	No.8	No.9	No.10-1 (夫)	No.10-2 (息子)
1回目	1,4,5,7,9	1,4,5,7,8,9	1,3,4	1	6,7	1,5	1,2,3,4,6,7	4,8,9	1,3,7,8,9	1,2,3,4	2,3,8
2回目	1,2,3,4,5,6,7,8,9		1,4,10		1,2,3,5,6,9	1,2,6,7,8,9,10	1		1,5,7,8,9	1,2,3,4,6,7,10	1,3,4,7,8,9
3回目	2,8,9		1,3,4		1,2,3,7,9	1,2,3,5,6,7,8,9	3,4,10		1,5,7,8,9	1,3,4,5,7	
4回目							1,7,9		1,5,6,7,9	1,3,4,7,8,10	
5回目							1,3,5,7			1,3,4,7	
6回目							1,3,4,5,7,9			3,4,8	

1＝介護者支援を念頭に置いて面接をする、2＝危害状況について確認する、3＝強み／資源の発見、4＝雑談を活用する、5＝状況について客観的事実を丁寧に聞く、6＝高齢者本人に状況についてどのように考えているか尋ねる、7＝虐待者に状況についてどのように考えているか尋ねる、8＝対処や工夫を聞きねぎらう、9＝本人・介護者が今後どうしたいのかを尋ねる、10＝その他

調査開始以前から支援を行っていた事例（No.3、No.4）や、虐待程度が軽度であると判断し、以後はケアマネジャーが対応することになった事例（No.2、No.8）では、「5＝状況について客観的事実を丁寧に聞く」や「2＝危害状況（虐待の事実・おそれ）について確認する」必要はなかったといってもよい。これらの4事例を除いた事例、すなわち、実施することが望ましいと考えられる7事例のうち、6事例において「5」と「2」を実施していたということになる。また、調査開始以前に高齢者本人がすでに入所していた事例（No.3、No.4）では、「6＝高齢者本人に状況についてどのように考えているか尋ねる」必要はないと判断できるから、「6」の実施が望ましい9事例のうち6事例で実施していたことになる。以上から、協力者たちはAAAによる面接の基本項目を、総じてよく実施していたといって

よいと思われる。

(3) 強み／資源の発見

AAAの研修では、面接ごとに高齢者本人や虐待者、家庭状況の強みや資源を発見することを強調している。経過記録シートでは、毎回の面接で発見した、高齢者、虐待者、家庭状況のそれぞれについて、強みと資源を記入してもらったところ、11事例すべてにおいて、毎回、高齢者・虐待者・家庭状況のいずれかに強みや資源が見出されていた（図表4-3-3）。面接のときには「3＝新しい強み／資源を発見する」ことを特に意識していなかった場合でも、経過記録シートの記入にあたって強み／資源に該当する情報を思い出して記入したと思われる。

図表4-3-3　面接におけるストレングスの発見

	No.1	No.2	No.3	No.4	No.5	No.6	No.7	No.8	No.9	No.10-1 (夫)	No.10-2 (息子)
1回目	高	NA	高／虐	NA	高／虐／家	高／虐／家	高／虐／家	虐	高／虐	虐／家	高／家
2回目	高／虐／家	高／虐／家	高／虐／家	高／虐／家	高／虐	虐	NA		高／虐	虐／家	虐
3回目	高／虐／家		虐／家		高／虐	高／虐	高／家		高	虐／家	
4回目							NA		高／虐	虐／家	
5回目							虐			虐／家	
6回目							虐			高／虐／家	

高＝高齢者、虐＝虐待者、家＝家庭状況

強み／資源として記述されたものを事例ごとにあげておく。なお、面1というのは1回目の面接後に、面2は2回目の面接後に記述されたことを示す。記述内容が重複するものは省いたが、協力者たちが何を強み／資源として捉えていったかを知るために、記述されていた内容をほぼそのまま記す。ただし、プライバシー保護の観点から、用語の改変等を行った。

まず、虐待を受けている高齢者本人の強み／資源について。No.1とNo.2は男性高齢者、それ以外はみな女性高齢者である。

No.1：面1「ふらつきはあるが、自分でやろうという意志がある」、「昔の趣味の話になるとイキイキする」、面3「歩行がしっかりして安定して歩けるようになった」、「自分でもまた散歩して趣味の写真を撮りたいという気持ちに変わった」

No.2：面1「認知症による記憶力の低下はあるが、コミュニケーションは問題なく、自分の意思をはっきり伝えられる」、「介護者以外の孫が支援してくれている」

No.3：面1「若い頃、家族のために出稼ぎをしていた」、面2「（交流できる）妹がいる」

No.4：面1「リハビリに熱心で自分でできることはやりたい気持ちが強い」、「コミュニケ

ーション良好で対人関係を築くのに優れている」、「ケアマネジャーなど支援者による訪問がある」

　No.5：面1「嫌なことはいやと言うことができる」、「デイサービスについて拒否がなかった」、「毎日洗濯している」、面2「介護者と2人で旅行した。今後も予定をもっている」、「浴室に手すりがつき安全に入れるようになっている」

　No.6：面1「コミュニケーションができ意思表示できる」、「隣人が地域のご意見番」、「犬を室内で飼っている」、面3「心身の状態が前回よりよくなっている」、「笑顔で話す余裕があった」、「介護ベッドを借りたいという意志表示があった」、「夫に起こしてもらっていると話す」

　No.7：面1「コミュニケーションがとれる」、「自分の意思を通す」、「動ける、自転車に乗れる」、「毎日、自分で朝食を買うことができる」、「夫、娘夫婦、孫と同居している」、「ケアマネジャーや地域包括職員がいる」、「デイサービスを利用していた」、面3「訪問の必要はないと意思表示できる」、「悪臭や不潔な印象はない」

　No.8：なし

　No.9：面1「認知症の周辺症状が減った」、面2「人見知りしない性格」、「入院により服薬管理がなされ病状悪化が防止された」、面3「ADLが回復した」、「医療ソーシャルワーカーが支援してくれる」、面4「歩行、移動などADLが回復した」

　No.10-1：面6「骨折後の体調は安定している」、「同居の長男、別居の長女に、夫からの暴力などを訴えることができる。状況によっては自宅から逃げ出すことができる」

　No.10-2：面1「○○○障害の会（家族会）に参加」

　次に、虐待者の強み・資源について。なお、虐待者のNo.3は女性（独身の娘）、No.7は女性（娘）と男性（娘の配偶者）の2人であるが、あとはみな男性である（No.1、No.2、No.9は息子、No.5、No.6は夫、No.10-1は夫、No.10-2は息子、No.4、No.8は娘の配偶者）。

　No.1：面2「好きな母親を連れて気分転換に車で買い物に行く」、「父親の趣味の話はなつかしそうに聞いている」、面3「若くて体力がある」、「妹が週1回来てくれて父親を風呂に入れてくれるので助かっていると言っている」

　No.2：面1「○○の趣味をもっていて、時間があれば中断していた教室に通いたいと思っている」、「妹2人が仕事の休みの日に来てくれる」、「デイサービスを利用しており、今後もショートステイを利用予定」

　No.3：面1「自身の過去を振り返ることができた」、「親のことを聞いて表情がやわらぐ」、「子どものころ祖母の面倒を見ていた」、「息子がいる」、面2「足の痛みがあってもバイクで出かけられる」、「通院先の医療ソーシャルワーカーや伯母の嫁など支援者がいる」、面3「介護殺人のニュースをみて、『なんでこの人は相談しなかったのか』と自分の行動を肯定していた」

　No.4：面1「電話連絡にはほぼ応じてくれる」、「依頼した書類の記入や面接には応じるこ

とができる」、「サービスを利用している」
　No.5：面1「ストレスを外に発散している」、「犬や鳥を飼っている」、「ランニングや体操のサークルに入っている」、面2「デイサービスに行かせたくないという気持ちが働いたようだったが、すぐに必要と感じて考え直した」
　No.6：面1「介護は自分がすると言っている」、「相談する術を知っている」、「○○の趣味がある」、「障害者手帳を所持しており、障害者福祉課と関わりがある」、面2「トイレ介助をしている」、「介護保険課に認定結果が遅れていると問い合わせることができた」、「入浴用にと椅子を購入していた」
　No.7：面1「娘が昼と夜の食事を作る」、「夫と子どもがいる」、面5「受診、入院に向けて協力する体制がある」、面6「当初、ないと判断していた介護力があることがわかった」
　No.8：面1「行動力がある」
　No.9：面1「行政手続きをする意思がある」、「支援者との関わりがもてた」、面2「入院の知らせを受けてからは迅速に対応した」、「高齢者が定期通院している病院との関わりがもてた」、面4「高齢者の病状を安定させたいという気持ちをもっている」
　No.10-1：面1「90過ぎの高齢にもかかわらず、猛暑を乗り切り特に疲れた様子がなかった」、「主治医への信頼が厚く、本人の入院に対して安心感をもっている」、面2「支援者の話に耳を傾け、支援を受けようとする気持ちがある」、「入院先と在宅の主治医の2名に対して信頼感をもっている」、面3「本人への思いが強い」、「高齢だが体調はある程度安定している」、面4「金銭面の管理がしっかりできている」、「本人の入院先に毎日介助に行くことができる」、面5「本人の処遇について自分自身でも考えようとしている」「疎遠だった親族から協力したいとの申し出があり、支援がなされた」、面6「ADLが保たれ、1日おきに本人の見舞いに行くことができている」、「金銭面での余裕がある程度ある」、「次男が病院での介助に加わり、負担が多少なりとも軽減されている」
　No.10-2：面2「1年ぶりに散髪をし、精神的にも非常に前向きな様子が感じられた」、「疎遠であった親族と連絡がとれ、本人の入院を伝え、今後の支援が受けられる可能性が広がった」

　最後に、全般的な家庭状況についての強み・資源について。
　No.1：面2「妹が週に1度くらい忙しいが来てくれる」、面3「同居の母は重度の認知症であるが、長男と夫とのクッションになっている」
　No.2：面1「マンションの別室があり、介護者と本人が離れて過ごす時間をもてる」
　No.3：面3「本人の妹家族、甥やその嫁と関係がある」、「この後、長男が同居する予定」
　No.4：面1「犬を飼っていて、家族みんなでかわいがっていた」
　No.5：面1「子どもと相談できる関係にある」
　No.6：面1「娘がお金を貸してもいいと言っている」
　No.7：面1「敷地が広い」、面3「庭は手入れされている」
　No.8：なし

No.9：なし

No.10-1：面2「金銭的な支援をしてくれる可能性のある親族がいる」、「関係性はよいとは言えない親族であるが、介護者である夫の体調のことを気遣っている」、面3「これまでキーパーソンとして動いていた親族が離脱してしまったが、そのことで夫自身がしっかりしなければという気持ちになっている」、「同居している長男が夫とともに本人のために動くことができる」、面4「長男に対する介護者の信頼感は確立されている」、「長男が介護者の代わりに行動することができる」、面5「2人の協力体制は保たれている」、面6「家庭状況は今のところ安定しており、大きな問題が起きていない」

No.10-2：面1「長男が同居しており、夫の暴力の抑止になっている」

　以上の記載から、協力者たちが、高齢者本人、虐待者、そして全般的な家庭状況についての強み／資源といえるものをできるだけ幅広く見出そうと努力したことがうかがえる。これらの強み／資源の発見の努力は、ニーズを抱え自分の身を守れない弱者としての高齢者、種々の問題を抱えた拒否的な強者としての虐待者、親族や近隣から孤立している家庭、といった高齢者虐待事例に関する一般的な否定的イメージを中和させることに役立ったのではないか。

⑷「安心づくり面接」項目

　AAAの研修では、安心づくりシートを用いて次のように面接を進めることを伝えている。虐待者とともに「1：心配なことが起こりやすいパターン」を認識したうえで、そうした「2：心配ごとが生じてもおかしくはない状況であるのになんとかうまくやれた場面（例外）」を聞き出す。そして、どうしてそういうことができたのか、具体的に語ってもらい、対処してきたことや独自の工夫などについてコンプリメントする（感心を示す、ねぎらう、賞賛するなど）。また、「3：これまでの家族関係」や「4：高齢者本人や家族が『譲れない』と思っていること、大事にしていること、尊重している人など」について聞いていく。こうした情報収集をもとに、介入戦略を考える。

　AAAは、質問を重ねていくことで、こうした丁寧な情報収集を行ったうえで支援プランを検討することを求める。だが、従来の問題・ニーズのアセスメントを中心とした問題志向アプローチによる虐待対応では、迅速対応が重要として、とりあえずのサービスの導入や保護分離といったことが考えられやすい。では、協力者たちはどうであったか。

　「1：心配なことが起こりやすいパターン」は、4事例（No.5、No.6、No.7、No.9）で取り上げられていた。No.5、No.6、No.9では、2回、3回である。「2：心配ごとが生じてもおかしくはない状況であるのになんとかうまくやれた場面（＝例外）」については、2事例（No.3、No.6）で取り上げられたのみであるが、「3：これまでの家族関係」については7事例（No.1、No.3、No.5、No.6、No.7、No.10-1、No.10-2）で、「4：高齢者本人や家族が『譲れない』と思っていること、大事にしていること、尊重している人など」については5事例（No.1、No.6、No.9、No.10-1、No.10-2）で取り上げられていた。「3」と「4」は

同一事例で何度か取り上げられている。

　11事例のうち、調査期間中に、虐待者と今後の対応、つまり、プランニングに関する話し合いをしていくことが必要であったと考えられる事例は、調査開始後の最初の面接で、虐待は軽度と判断し、以後の対応はケアマネジャーが行うことになった事例（No.2、No.8）、そして、面接後に特養入所となり支援終了した事例（No.4）を除く、8事例である。「3：これまでの家族関係」と「4：高齢者本人や家族が『譲れない』と思っていること、大事にしていること、尊重している人など」については、8事例のうちの6事例と5事例であるから、比較的取り上げられているといってよい。他方、「1：心配なことが起こりやすいパターン」と「2：心配ごとが生じてもおかしくはない状況であるのになんとかうまくやれた場面（＝例外）」は、4事例と2事例であるから半数以下にとどまっている。

　「3」や「4」は、協力者たち、つまり、高齢者ケアに携わる援助職にとって馴染みの深い問題志向アプローチでも取り上げる項目である。虐待とは関係のない事例でも話されるテーマであるので、比較的取り上げやすかったものと思われる。だが、「1」や「2」、特に「2」の「例外」を取り上げるというのは、AAAの研修で初めて学んだことである。問題のパターンが存在しているにもかかわらず、問題のパターンが生じないですんだという「例外」状況を探し出し、その「例外」を生み出している当事者の強み・力を発見する。こうした「例外探し」と「成功分析」の考え方および方法は、問題・ニーズのアセスメントを重視する従来の問題志向の考え方・方法とかなり異なる。関わりの流れのなかで取り上げるタイミングというものもあるので、問題志向アプローチに慣れている援助職にとって、研修で学んだからといって「例外探し」をすぐに実践に移すのは容易ではなかったと考えられる。

　しかし、この点以外では、協力者たちは、総じてAAAの基本的な考え方に沿った面接を行っている言える。これまでの情報からわかるように、今回協力者たちが経過記録シートを記入した虐待事例は、いずれも緊急・重症事例ではない。緊急・重症事例でないからAAAの考え方と方法で実践できたのではないか、という疑問が出るかもしれない。だが、緊急・重症事例で、高齢者と家族を即分離し高齢者を保護したとしても、一時保護の後の対応を考えれば、家族との対話は必要である。最初の関わりからAAAの考え方と方法による実践をすることが望ましいし、それはできるというのが私たちの考えである。

(5)　虐待者と援助職の関係性および虐待者の変化の意欲

　では、協力者たちのAAAによる面接は、彼らと虐待者との関係のありように、また、その関係性のありようは虐待者の状況の変化に関する意欲に影響を与えたであろうか。

　経過記録シートには、虐待者と援助職との関係性を点数で評価するというスケーリングと、虐待者が状況を変化させていく意欲（気持ち）をもっているかどうかを点数で評価するというスケーリングの質問を置いている。前者は、虐待者とまったく話し合える関係ではない状態を0点、十分に話し合える状態を10点とすると、面接後の状態は何点とつけるか、と尋ね、両端が0点と10点で、その間に1点刻みで数字が記入してあるライン上の該当する数字に○印をつけてもらうというものである。後者については、虐待者は今の状況を変えて

4章 「安心づくり安全探しアプローチ」の評価

いく気持ちをもっていると思うか、まったくといってよいほどもっていない状態なら0点を、十分もっているといえる状態を10点とすると、今の状態は何点だと思うかと尋ねて、同じようにライン上の該当する数字に○印をつけてもらう。

協力者たちによる評価点は主観的なものであるから、それらを事例間で比較しても意味はない。2回以上面接した事例において、面接ごとにこれらの数字がどのように変化したかを見ることに意味がある。よって、焦点をあてるのはNo.2、No.4、No.8を除く8例である。

なお、今回のフォローアップ調査においては、担当者に評価点をつけてもらったが、これを地域包括内のミーティングや行政機関等とのケースカンファレンスにおいて、多職種・多機関の関係者で評価点をつけていくという作業を行い、それぞれの評価点の変化が同じ方向性をもち、参加者の間で変化後の点数についておおよその一致が見られるならば、それは客観的な評価結果とみなすことができる。

フォローアップ調査では、この2つのスケーリング質問の後に、それぞれ「何があるから（あったから）上記の点数としたのか」という質問と、「次回の面接で、どうなっていたら今の点より1点上がった、あるいは、上向きそうな兆しが見られると考えられるか」という質問の2問を置いている。最初の質問に答えることで、評価点の根拠を改めて考えてもらい、それをもとに、次の質問について考えることで、次回の面接における小さな目標を設定してもらう、という狙いである。経過記録シートの記入作業が、調査協力という目的のためだけではなく、面接の振り返りと当面のゴール設定のトレーニングになればよいと考えて設定した。

虐待者と話し合える関係になれたかという最初の質問についてであるが、①面接の継続に伴い点数が上昇した事例が5例（No.1、No.5、No.6、No.9、No.10-2）、②面接の継続に伴いいったん点数が下降した後、再び上昇した事例が3例（No.3、No.7、No.10-1）で、③面接の継続に伴い点数が下降した事例はなかった。②も一応よい方向への変化と考えてよいから、調査期間に2回以上の面接を行った協力者たちは、みな関係性はよくなっていると捉えている（図表4-3-4）。

点数が上がったときの評価の根拠としてあげられていたものを、いくつかあげてみる。
No.1：面2「また新たな話を聞けた」、面3「具体的なサービスの話のための訪問」
No.3：面3「話の口調から、センターへの感謝の気持ちが伝わってきた」
No.5：面3「こちらの思いを話すことができ、聞いてもらえるようになっている。感謝の言葉を言われた」
No.6：面2「介護疲れの話や認定結果の遅れへの不満が表現された」
No.7：面5「介入を拒否していた娘さんと初めて話すことができた。数日後に母親が検査入院すること、今後は介護保険の認定審査を希望するとのこと」
No.9：面2「本人の入院のことについて連絡を取り合い、今後のことを相談した」、面3「高齢者本人の状態の報告と退院後の生活について、自分から相談に来所された」
No.10-1：面4「これまで話したがらなかった自身の家庭の金銭的な話を自分からして

図表 4-3-4　関係性と意欲の変化

	No.1		No.2		No.3		No.4		No.5		No.6		No.7		No.8		No.9		No.10-1(夫)		No.10-2(息子)	
	関係	意欲	関係	意欲	関係	意欲	関係	意欲	関係	意欲	関係	意欲	関係	意欲	関係	意欲	関係	意欲	関係	意欲	関係	意欲
1回目	5	10	5	5	6	7	4	3	7	10	4	3	6	6	7	6	3	6	8	5	3	3
2回目	6	7			5	4			7	7	6	6	2	3			7	7	6	6	8	8
3回目	7	5			6	6			8	8	6	6	－	－			7	7	6	6		
4回目													3	1			7	7	8	7		
5回目													5	5					8	7		
6回目													6	5					9.5	8.5		

（数値は、関係性と意欲に関する面接ごとのスケーリングの点数）

きた」、面6「本人の施設入所についての提案に対して以前のような拒否的な反応が示されず、関係性が良好に保てている」

No.10-2：面2「本音でのやりとりがおおむねできている」

話の内容が深まる、大事な話を自らするようになる、拒否的であったのがそうではなくなってくる、感謝が表現される、といったことが、関係性の進展として協力者たちに捉えられている。

次に、虐待者が状況を変えていく気持ちの変化について。①面接の継続に伴い点数が上昇した事例が4例（No.6、No.9、No.10-1、No.10-2）、②面接の継続に伴いいったん点数が下降した後、再び上昇した事例が3例（No.3、No.5、No.7）、③面接の継続に伴い点数が下降していった事例が1例（No.1）であった。こちらも②は一応よい方向への変化と考えてよいから、協力者たちは1例を除き、虐待者の状況変化への意欲は上向いていると捉えていると言える（図4-3-4）。

点数が上がったときの評価の根拠として記述されていたのは、以下のようなものである。

No.3：面3「自ら手をあげてしまったことを相談した自分の行動を、自分自身で受容する発言が見られた」

No.5：面3「変えていく必要性のあることには変わらなきゃいけないと発言する」

No.6：面2「『大変だ、来てもらったときより状態が悪くなっている』と自分から電話してきてくれた」、面3「自分のできる範囲の介護はしている」

No.7：面5「高齢者本人が入院し検査を受けることになったが、その後、家族は必要に応じて対応をとろうとする積極性を示した」

No.9：面2「退院後の介護サービスについて一緒に考えていこう、という気持ちが感じられた」

No.10-1：面2「現時点での方針については納得している。ただ、これまで一度決めた方

針に対して気持ちが揺れることがたびたびある」、面4「家族の心身の状態が安定している。ただし、そのことでこれまで確認し合ってきた老健への入所に異を唱える可能性もある」

No.10-2：面2「しがらみの多い家族関係を少しでも健全な方向に持って行こうとする言動がみられる」

　行動や意識に見られる前向きの変化、態度に見られる積極性などが、意欲（気持ち）の変化として捉えられている。なお、唯一点数が下降したNo.1は、「サービス活用や介護申請をして父親のためにも何とかしたいと考えている」（面1）ことを根拠に10点と評価されていたが、「暴力は父が反抗するからだと思っており、自分が叩くことを悪いことだと思っていない」（面2）ことがわかり7点に、そして「あまり自分自身を変えようと考えていないように感じる。ただし、介護の負担が軽くなると考えが変わるようにも感じる」（面3）ということで5点がつけられている。この事例は、親のための介護に熱意をもっている息子の事例で、1回目にはその熱意に注目したが、2回目、3回目にはその熱意が適切に使われていない点に注目した結果、点数が大きく下がる結果となった。

　では、関係性の変化についての評価と、意欲の変化についての評価は関連していただろうか。

　関係性の変化の評価点と意欲の変化の評価点がともに、ａ面接の継続に伴い上昇した事例は3例（No.6、No.9、No.10-2）で、ｂ面接の継続に伴いいったん点数が下降した後、再び上昇した事例は2例（No.3、No.7）であった。他方、関係性の変化と意欲の変化が異なるのは3例であった。その内訳は、関係性の変化がａで意欲の変化がｂの事例が1例（No.5）、関係性の変化がｂで意欲の変化がａの事例が1例（No.10-1）、関係性の変化がａで意欲が下降したｃの事例が1例（No.1）である。関係性の変化の評価と意欲の変化の評価が同じパターンの事例の事が5例、異なるパターンが3例である（図表4-3-5）。

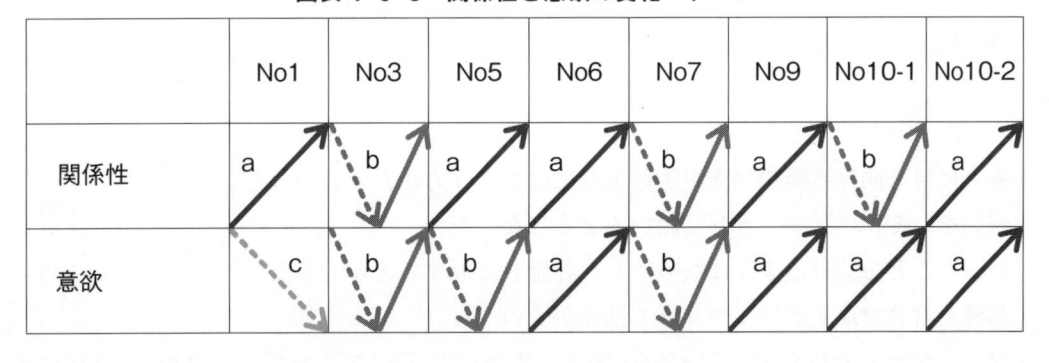

図表4-3-5　関係性と意欲の変化パターン

	No1	No3	No5	No6	No7	No9	No10-1	No10-2
関係性	a	b	a	a	b	a	b	a
意欲	c	b	b	a	b	a	a	a

　ちなみに、実施がむずかしかったのではないかと先に指摘した「例外」探しを行った2事例（No.3、No.6）は、ともに同じ変化パターンであった。変化についての評価は、「何があるから（あったから）上記の点数としたか」と、具体的な事実に基づいて行うよう、経過記録シートでは求めており、実際、協力者たちは上記したように、関係性の変化と意欲の変

化について、別々の事柄を根拠に評価点をつけていた。よって、これらの結果から、協力者と虐待者との関係性と、虐待者の状況変化についての意欲との関連性が示唆されたと言ってよいのではないか。ただし、異なる具体的事実に基づいた評価といえども、ともに主観的な評価であるから連動していて当然と考えることもできる。事例数を増やして検討する必要がある。

　いずれにせよ、AAAの考え方と方法を意識して面接を実施し、面接のたびにAAAの経過記録シートをつけていった協力者たちが、対応した8事例すべてにおいて、虐待者との関係性をよい方向に変化させたこと、その8事例のうち、7事例において虐待者の状況変化に関する意欲がよい方向に変わっている。このことは、虐待事例対応における、AAAの有用性を示唆するものと言えよう。なお、ケース対応における自信についての自己評価スケーリングは、協力者たちにとって記述がむずかしかったようである。無記入も少なくなかったので、今回は分析を断念した。

3. インタビュー調査結果から見えたAAAの有用性と課題

(1) グループインタビュー結果

　経過記録シートの協力者に対し、AAAや経過記録シートの記入作業に関する感想や意見を尋ねるため、面接調査を試みた。

　1回目は、私たちがファシリテーターとして参加し、AAAによる事例検討会を行った後にグループインタビューとして実施した（2011年3月9日）。時間は30分ほどである。この事例検討会は、ある自治体の主催によるもので、委託型地域包括職員と行政機関職員が10人程度参加していた。かれらの大半はAAAの研修に参加しており、かつ、フォローアップ調査の協力に同意していた人たちで、うち4人は経過記録シートを提出した人々である。AAAや経過記録シート記入作業について、感想や意見を自由に述べてほしいと依頼したところ、以下のような感想・意見が出された。

〈AAAについて〉
・強みに目を向ける発想で支援困難事例に向き合う方法だとわかった
・雑談をコミュニケーションに用いるようになった
・やったことを聞けるようになったし、評価して返すことができた
・共感を言葉で返すというやり方で世界が変わった
・タイムシートで話を聞いていたら、聞きやすかった。答えてくれているなかで、「つい、手が出ちゃうんだよね」という言葉が出てきた。タイムシートはいろいろな場合に使えると思う
・各種のシートを使う機会はあまりないが、ケースのアセスメントに役立ててみたい

〈経過記録シート記入作業について〉
・面接のたびに強みを書くのは書きにくかった
・強み、自己資源を書くというのはむずかしいが、探す視点を忘れないで、細かく見ていった
・強みを落とすのに、時間がかかった。何枚か書いて見えてきた
・前回やれていなかった部分を次に向けて意識していくことができた
・「何があれば点が上がるか?」という質問については、少しずつイメージがしやすくなっていった。上がったり下がったりしながら、だんだん上がってきて、自分の支援を整理することができた
・途中からケースの動きがあり、期間を置いた関わりになったが、関係性の変化をつけていることで、関わりについて推し量ることができた。また、相手の気持ちを整理してつかめた。ただ、何点にしていいか迷った。自分が基準をどう設定したらよいか戸惑いがあった
・項目をチェックするだけでも実践の振り返りになった。支援を押し付けるのではなく、何をどうしてほしい? と聞いていくことができる
・ケースを振り返ることで、自分のクセに気づけた
・次にどうするかを考えることは大事だと思った。ただ、まだ不慣れで、書くので手一杯

　これらの発言から、AAAの基本的考え方についての理解が深まり、その技法の有用性が実感されていることがわかる。当該自治体では、行政職員が働きかけて、地域包括の社会福祉士たちがAAAの研修を受けた後、AAAによる実践のやり方について話し合いの機会を設けていた。研修だけでなく、こうした話し合いの機会があったからこそ、日常の実践にAAAを活かすことができ、その考え方の理解を深め、技法の有用性を実感できたものと推測される。

　また、これらの発言から、経過記録シートに多く記載されていた強み・資源は、相当の努力によって見出されたものであることを改めて確認することができた。そして、AAAの考え方と方法をベースにしたこの経過記録シート記入作業が、実践の振り返りや今後の実践の組み立てに役立っていること、つまり、実践の質の向上に役立つ可能性を確認できた。

(2)　個別インタビュー結果

　2回目は、グループインタビューの際にも参加していた2つの地域包括職員3人にそれぞれ1時間弱の個別面接を実施した(2011年6月13日)。AAAに基づいた実践と経過記録シート記入作業が、彼らのそれまでの実践の仕方と携わった事例とにどのような影響を与えたのか確認することが目的である。協力者たちには経過記録シート記入作業に関してどのようなことを感じ、考えたのか、少し詳しく語ってもらいたいと依頼した。以下に、3人のインタビュー内容をまとめた。語りのなかで触れられた事例のプライバシーに関わる部分は、最小限の記述にとどめ、かつ、内容を変えない程度の修正を行った。なお、( ) 内は筆者による補足である。まとめたものは、3人のインタビュイーにチェックしてもらった。

Aさん【女性、40歳代、社会福祉士、地域ケア歴2年】

　研修を受けたので、1人ひとりの強み、よいところに注意をしていきたいという意識はあった。もともと自分から苦しみを訴えてきた娘さんなので、やってはいけない、という気持ちと、それを抑えられない気持ちがあった。ご自身でも理解してらっしゃるから、あえてそこには深く触れずに、気持ちを聞くことを意識してやった。思った以上に話をしてくれる方で、自分からなんでもオープンに話される。聞いてほしいという思いがあふれていた。子どものころからの親子関係や祖母の介護の話など。そのなかで、母親に対する複雑な思いを汲み出せた。

　話には繰り返しの内容が多いので、聞きながら「どれを強みとするのか」という自分の主観で探すことをやった。意識して書くようにすると、強みと思ったものが確かなものになっていくような、娘さんの言葉にも変化が出てきているのを自分でも確認できるような感じがあった。気持ちの変化等は、「変わっていないかな」「変わったな」といった形で確認していった。ただし、点数化の作業がむずかしかった。

　一番むずかしかったのは、自分のなかで「話し合える―合えない」という基準をどういう意味で受け止めてよいかわからなかったこと。聞けば話してくれる人だったから、それで「十分話し合える関係」といってよいのかなと思った。でもそれが確かな信頼関係なのか、というと、それは少し不安。ストレートに話せる関係が10点なのかな、と思うとそれもむずかしくなる。話し合いができていないわけではないけれど、電話での面談では相手の状況も十分に見たてられない。4～6点くらいの判断は微妙。率直に話してくれるのは信頼してくれているからなのか、それとも何か別なものなのか？　自分自身では関係性に自信がもちにくかった。

　なぜその点をつけたのか、ということを書いているので、次のときに会って点数化する際には明確になった。基準がはっきりする感じだった。（点数については）アバウトでざっくりつけるようにした。次の1点を上げるには具体的に何をするか、ということを書くことがすごくむずかしかった。最終的な目標もあいまいになりがちだったから。何をしたら一歩前進、というのがむずかしく、具体的な目標を言葉では見つけられなかった。話を聞き関係を強めながらよい方法が見つけられれば、と思った。

　経過記録シートを書くのは負担だった。他のケースもあるので、まとめる作業ができていれば負担は軽いが、前回どうだったか、今回はどうなったのか、と考え直したりするような作業を伴うので、ちょっと大変だった。通常の経過記録を書くときは、情報をたくさんそのまま書く感じ。必要な情報を取捨選択せず書いてしまう。その点、経過記録シートでは、ポイントを振り返りながら整理して書ける点はよかった。点数化の作業もその基準を考えるという作業が必要だと思うが、普段あまり意識していないので考えるのが大変だった。

　（AAAによる面接が、娘さんにとってメリットになったと思うか？）

　虐待というかっこでくくらず、課題、問題ということ自体よりも、関わっている人たちの強みに注目してそれを活かしながらやっていくという点で、暗い、重いという感じではなく希望がもてた。すぐに課題が解決するわけではないが、何かしら後につながるのではないか

と。その方のよかったことや「こういうことはできたんですね」と返すことを意識してやっていた。そうしたことで、娘さんも多少、肯定的に振り返りができたのではないかと思う。テレビで介護殺人のニュースがあったときに「何でこの人は他の人に言えなかったんだろう」と娘さんが話していたとき、「自分はできた」と感じているんだな、と思った。いずれ親との関係の修復につながる力になるのではないだろうか。

　課題を解決していこうというときに、いろいろ複雑な課題があると方法も糸口も見つけられず大変で低迷してしまうけれど、強みの視点が大事だと思った。そこから、何かを考えていくこと、ちょっと変わっていくことができる、そういうきっかけになる。全部変えなくても少しずつでも変わって動いていける。こういうことがわかって、相談職として関わるうえでは自信になった。

Kさん【女性、50歳代、社会福祉士】
　タイムシートを使いながら娘さんの配偶者の方にご様子を聞いたら、なかなか風呂に入ってくれなくて自分が感情的になる、小突いたことがあるという話がなされた。タイムシートは初めてお話をする方に対して聞きやすかった。(研修でやったように)「それで？」「その後は？」とお聞きしていくなかで、一日の流れを大雑把に把握していった。その流れのなかで、お風呂に入れていないという事実が出てきた。

　それで、「今、お風呂のことはお困りになっていないんですか？」と丁寧に聞いてみた。「娘さんがお風呂に入れるようになったから介護サービス要らないと言っておられるけれども、それは違うんですね？」と。(娘からは介護保険更新不要とケアマネジャーに連絡があったが、)サービスの継続が必要なニーズについて話し合うことができた。

　強みについては、一日の流れを聞いて「ご自分でご飯の支度はなさっていますか？」などと確認しながら、何ができているのか、何ができていないのか、というのを聞き出した。本人、介護者のことを同時に聞けたのはよかった。本人に何ができるのか、どの程度のADLの状況なのか、ご本人に会えていない段階だったので。研修を受けたばかりだったので、AAAの内容を意識しながらやっていた。強みまではいかないけれど、何ができていて、今後どういうふうにしたいのか、今後についてどう思っているのか、ちゃんと聞こうと思った。しかし、初対面からあまりガンガン聞ける雰囲気ではないので、それは次回に回した。

　(自分の対応に点数をつける作業について)最初は思っていた以上に話が進んだように思えたから、半分より少し上にと、自分の尺度でつけた。点数の根拠と点数の位置の判断をするのは、あくまでも自分の判断でいいんだよね？　という感じで考えてつけた。9月に在宅の相談を担当するようになったばかりで、それ以前は病院担当だったので、本当に自分の判断だけでつけた。自分としてはプラスになった。振り返りができて、次回の目標を考えられたから。目標は小さいことだったから、それがプレッシャーになるということはなく大丈夫だった。

　お婿さんから連絡が来るはずだったが来なかったのでこちらからしたところ、「こちらから連絡します」と言われた。あまり積極的な感じではなく、後から電話が来るような感じに

は思えなかった。それで自分の自信が、前回の半分くらいの感じになった。そこで、お婿さんにだけ頼っていても進まない、次の手を考えようと思った。職場で状況報告と方針の共有の話し合いはしており、自分の考えが整理されている感じがする。

　家庭訪問をしてご本人に会ったが、「何しに来たの？　話をすることはないよ」という感じで全然聞く耳をもたない感じ。娘さんはいなかった。なぜ娘さんがもっと積極的に母親に関与しないのか？　という疑問は解けないままだった。お婿さんに電話をしたが、「自分にではなく妻に連絡をしてくれ」とのこと。あまりしつこく連絡してもよくないと考え、（AAAの研修で学んだ）細くつながる戦略にしようと思った。困ったときには最低でも連絡できるところはあると思ってもらおうと。

　その後、ご自宅に電話をしてみたら娘さんが出た。入院の手配中ということだった。対応の取れる娘さんで、まったく親のことを考えていないわけではないのだと思った。その後、申請のため娘さんが来てくれた。入院中のご本人の様子や、面会に何度か行っていて次のことも考えないといけない、といった話も聞けた。退院後についての考えも確認できた。ただ、娘さんとの十分な信頼関係はまだできていないから、評点は「4」にした。娘さんから連絡をいただいておらず、こちらからご連絡をしないとつながらないから、まだ十分に話し合えるような関係だとは思えなくてそうした。今は、娘さんと1か月に1回は連絡を取っている。つい先日電話をしたら、退院の話が出ているので「ちょうど電話しよう」と思っていたとのことだった。

　AAAは、研修を受けた内容で素直にやってみた。一番プラスになったのは一緒に寄り添う、一緒に考えて行くこと、どういうふうにしたいの、と考えて行くこと。指導者として伝えるのではなく一緒に考えてみよう、寄り添っていく、そういう方向でやっていこうと思った。

　経過記録シートを書くのは、経験の浅い人には参考になるかもしれない。他の事例のことだが、面談の回数が少ないと関係性をつくるのがけっこう大変で、これからどうしたらいいだろう、安心づくり面接ができるとちょっと違ってくるかも、と思っている。経過記録シートによって、このケースはうまくいっているのか、いないのか、自分の考えをまとめて行く作業ができる。また、現実的にできそうなことを考えることができる。

Fさん【女性、30歳代、社会福祉士】
　主治医から本人は脱水と低栄養のため入院が必要と通報があったが、いきなり分離では、かえってその後のご本人と家族との関係性が非常に悪くなりそうということで、体の状況が悪いからと説得を重ねる丁寧な関与をしていった。コア会議（虐待認定と今後の方針を決めるための行政担当者との会議）でもすぐに分離というよりは、家族との関係性を担保しつつ、ご家族納得のうえでの施設入所を目指す方針となった。結局、約2か月で分離になった。入院先の病院の先生にも治療期間を長めに提示していただき、ご主人を説得していただいた。

　AAAの考え方で意識したのは強みのところ。ご本人、ご主人、息子さんの強みを、なか

でもあまりよい状況ではないご主人の強みを特に意識した。最初のうちは意外と見つけやすかったが、密に関わってくると、この前書いたことをまた書いてよいのか悩んだ。自己資源がずっとないような状況だったので、ご本人の意向に主眼がおけなかったことはある意味反省した。経過記録シートの記入は面倒。でもシートがあることで毎回関わるたびに強みを見つけようとしたので、意識を保ちやすかった。探すことや表現の大変さはあったが。

　ご主人は、気持ちが揺れる。家でみたい、施設にお願いしたい、やっぱり家でみたいというように。施設を具体的にあたり始めるまでに数か月かかってしまった。キーパーソンは夫なのだが、ときに長男さんが急に反対することもあった。最終的には、ご主人と長男さんに「暴力をふるっている限り、家に戻ることは行政も包括も認められませんよ。行き先をまったく知らせない形で施設入所することになったり、面会できない場合もありますよ」と言って、ようやく施設入所を納得してもらえるようになった。そうしたら「施設に入れるにしてもこちらも条件はあるんだ」と、希望を出されるようにもなった。

　今は入院中だがいずれ特養に、ということを考えて支援を継続中。ご主人の体調も心配だし、まだ「自宅に帰ってほしい」と言ったりしているので、月に1回程度連絡を取り面接している。家に戻したいという思いがご主人にはずっとある。ご主人の感情がいつ爆発するのかわからないので、施設側へのフォローも含めてかなり継続しての関与が必要だと思う。ご主人は若いころから奥さんに暴力をふるっていた。

　このご主人へのコンプリメントは、「若い頃一生懸命働いていて、貯金がちゃんとある。だから、いま費用を気にせず奥さんが暮らせる。若い頃から頑張ってこられて、奥さんの生活の支えになっていらっしゃるんですね」といったようなもの。面会もかなり頻繁で、毎日、食事介助をしている。ご本人に対する愛情や強い想いがあるので、その辺は口に出して伝えたり、「よくされますね」と言ってきた。照れてはいるが、ほめられることに対しては嬉しいと思ってくれる方なので、（コンプリメントを）繰り返してきた。これで関係性を築けたと思う。ご主人、息子さんとで担当を分けてやってきた。1人がきついことを言う人、もうひとりが「頑張ってますね」と声かけをする人、こういう形で分担しながらやった。

　経過記録シートのスケーリングについては、点数化する作業そのものがむずかしかった。すごく個人的な感覚でしかつけられない。自分なりの根拠はあると思うけど非常にあいまい。これというはっきりした基準がある点数のつけ方ではないから、ひねり出す感じだった。悩んでしまう。どうなったら上がるか、というのもむずかしかった。記録の作業は、自分の面接そのものを振り返ったり、関係性がどう動いているのか、相手に対する支援者としての関与はどうか、といった点を見ることができたという点では、意味がないとは思わない。なんとなくシートを見ていても、前回よりも関係性が醸成されつつあると見えていたので。

　一番書きづらいのは(1)の家族との関係性。入院をする前で使ったほうが使いやすかったかもしれない。入院をしてからだと次の方向に持っていくまでに何度も面接をして変化を促すが、物理的に離れていてリスクが低減している状況で変容を促すときは、数字で表すのは大変。在宅の状況からのほうが、数値の変化を追いやすいと思う。実際には、対応に関し

てすごくスピードが求められるから、シートを用いると丁寧に整理できるだろうなと思いつつ、ここまで整理する時間がつくれるかな、と疑問に思った。

（全体としてAAAを学んでからの対応と、学ぶ前の対応とで変化はあったか？）家族支援を意識しやすくなった。高齢者本人を守ろうとするときには、家族が多少なりとも頑張っているところ、よいところに目を向けることはできなくなってしまう。しかし、AAAの研修の後には、格段に家族との関係性のつくり方が変わった気がする。とにかく分離をするだけではなく、彼らの想い、意向を意識しつつ、どうやってすり合わせをしたらいいか、というふうに考えられるようになった。雑談、コンプリメントを意識するようになって関係づくりにいい影響があったのでは、と思う。

経過記録シートを使う、使わないは別。シートを書くことが義務になると負担になり、しんどくなってくる。自分たちのスキルアップ、対応能力を上げるという意味では、役に立つ気がする。経過記録シートをどういう形でまとめるかによって、その意味が見えてくるのではないか。

今、AAAのベースの考え方を虐待以外のケースでも使ってみている。関係性がつくりにくい方への支援の際に使えそうな気がする。

(3) 個別インタビュー結果から見えてきたAAAの有用性と課題

以上、個別インタビュー結果から、3人がAAAの強み、よいところを見出すという視点をもっとも実践に活かしていたことがわかる。強みに気づいたらコンプリメントを行う、肯定的なフィードバックをするためにいいところを見つけようと努力をする。そうしたことが、虐待者との関係性づくりに役立つという体験をしていた。

1人は、繰り返し行うコンプリメントが虐待者自身の肯定的な振り返りをもたらしたのではないか、そのちょっとした変化はすぐに課題の解決につながらないけれども、何かしら後につながるのではないかと思える体験もしていた。また、もう1人は、コンプリメントを繰り返して関係性を築くことで、気持ちが変わりやすい虐待者を支えることができた体験をしている。そして、高齢者本人を守ろうとするときには、虐待者のよいところに目を向けることができにくくなってしまうが、AAAの視点によってそれが可能となり、家族支援を意識しやすくなった、家族との関係性のつくり方が変わった気がすると述べている。

AAAが目指した関係性づくりがなされると、それは虐待者にも小さな変化をもたらす可能性があること、また、それは、高齢者本人と虐待者という家族全体を支援する視点を確実にもたらす、といってよいのではないか。

また、AAAの視点と技法を学ぶことで、専門職という上位の視点からこうしたらどうかと伝えるのではなく、虐待者にも寄り添う、一緒に考えていくという姿勢をとることができたという発言もあった。AAAが目指す関係性は、こうしたパートナーシップである。研修ではパートナーシップの用語を用いたことはなかったが、AAAの基本的考え方と技法を実践に活かすならば、自然にパートナーシップの姿勢をもてる可能性があるということが明らかになった。

しかし、課題も明らかになった。1つは、関係性という概念を明確化するという課題である。AAAは、介入を拒否する、会話の糸口も与えてくれない、といった関係性をつくりにくい家族であっても言葉を交わせる関係になり、次第に対話できる関係に、そして、問題のパターンについても認識を共有し、その解決像とそのための小さな一歩を話し合える関係になることを目指す。

従来のソーシャルケースワーク論では、ソーシャルワーカーとクライエントの信頼関係、ラポールを重視してきた。特に、伝統的なアプローチである心理社会的アプローチでは、ワーカーの抱え込まない温かさと配慮、純粋さ、正確な共感、非審判的な受容、個別性の尊重といった態度を示し、クライエントから信頼を得るとともに、クライエントの能力を信頼する。この協調の雰囲気の下でつくられる信頼関係が、他者との絆の感覚という感情的体験をクライエントにもたらし、その感情に動機づけられてクライエントは変化していく（副田，2005）。

しかし、AAAでいう関係性は、あくまでも話し合える関係という意味であって、十分に話し合える関係というのは、問題のパターンについても認識を共有し、その解決像とそのための小さな一歩について話し合うことができる関係、という意味である[2]。援助職と虐待する家族との間で、信頼関係をつくるのは容易なことではない。信頼関係を築かなくても話し合っていく関係をつくっていくことはできる。関係性づくりの最終目標は、解決像と小さな一歩について話し合える関係であって、虐待する家族が援助職に信頼の絆を感じるような関係でなくてよい[3]。

AAAの研修場面においても、経過記録シート記載に関する説明においても、この点を明確に伝えていなかったおそれがある。Aさん、Kさん、Fさんの3人とも、話し合える関係かどうか、何を基準に評価してよいのかわからず、迷ったり悩んだりしたと述べていたのは、それを示している。また、本アプローチは、話せる関係にないところから、話し合える関係をどうやってつくっていくか、という点に焦点を当てている。よって、Fさんが述べているように、調査開始時点ですでに話し合える関係になっていた家族との関係性を評価するのはむずかしかったと思われる。AAAで使う関係性の概念を明確に定義するとともに、研修ではソーシャルワークでいう従来の信頼関係の概念とはニュアンスが異なることを伝える必要がある。

2つ目は、プランニングにおけるゴール概念を明確化することである。AAAではプランニングシート（話し合い用）を用いて高齢者や家族に10点満点の満足した生活とはどのようなものかと尋ね、彼らが望ましいとして描く状況を彼らのゴールとすることとしている。彼らと援助職がともに「現状より少しでもよいほうに向かっている」と言えるにはどうなっていたらよいかを考え、それを当面の課題（小さな一歩）とする。

虐待される高齢者本人や虐待する家族の希望を、事例の「最終目標」とするというこの考え方は、従来の虐待対応の視点とはかなり異なっている。従来の問題志向の対応アプローチでは、問題の改善・解決、すなわち虐待の再発防止が「最終目標」になる。もちろん、AAAでも気がかりなこと、心配なこととして、危害状況やリスクについて常に気を配ることを重

視している。しかし、虐待を認めていない家族、介入支援を拒否したがっている家族にとって、再発防止という「最終目標」は自分たちにとって意味のないことであり、変化への動機づけはもちようがない。解決像は当事者が描いてこそ、そのための一歩を当事者は踏み出すことができる。

　Aさんは、次回の面接での小さな一歩を設定するのがむずかしかったと言い、最終的な目標もあいまいになりがちだったと言っていた。AAAにおけるゴール概念を明確に定義するとともに、問題パターンについての認識を共有したうえで話し合っていける関係になっていくことが、ゴール設定につながっていくということを明示する必要がある。また、研修においては、問題志向のアプローチの「最終目標」との違いを適切に伝えていく必要がある。

------→ 注 ------

1）　私たちは、2009年の7月から安心づくり安全探しアプローチのホームページを開設し、高齢者虐待に関する知識や私たちの研修情報を提示するほか、ブログで本アプローチや解決志向アプローチの解説、研修時に出された質問に対する答えなどを随時アップしている。http://www.elderabuse-aaa.com/

2）　解決志向アプローチでいう、カスタマーの関係になることである。Kim, B. I.（1992）

3）　子ども虐待に対する安心サインアプローチを創り上げたTurnellは、虐待する親と児童相談所の動機は異なるが、家庭が安全であると判断できれば子どもを返すことができる、というゴールを親と援助職は共有することができる、と述べている。Turnell, A.（1999）

4節　試行に基づく改良

　本研究は、現場の実践家にとって有用な高齢者虐待への介入アプローチを開発することを目的としていた。そこで、研修中、あるいは研修終了後のアンケート等で研修参加者から寄せられた意見、プログラム改変に当たっての要望等は積極的に受け止め、プロジェクト内で検討を行い、研修プログラムの改良に反映させてきた。以下、5点の改良内容について簡単に記す。

1. 研修プログラム「理解のすり合わせ」の追加

　研修プログラム2の「事実確認と関係形成のための家庭訪問」のための講義とワークを行っていたときのことである。参加者のなかから、虐待対応での訪問のむずかしさとは、訪問時の面接方法というより、むしろ、当該世帯を訪問し、面接が可能となるまでの相手との関わり方、やり取りであり、こうした「相手に望まれない訪問」に対して多くのストレスを感じるとの意見が出された。虐待対応では介入や支援を拒否する家族が少なくない。インターフォン越しに怒鳴ったり、まったく関わりを拒否するインボランタリーな利用者・家族が存在する。多くの参加者がこうした利用者・家族との関わりに苦慮していた。参加者からは、こうした家族・利用者を訪ねる際に、実際に「何と言って、玄関に入っていけばよいのか」「まったく話を拒否される場合、どのタイミングで退出したほうがよいのか、あるいはどういうときにはもっと踏み込んでもよいのか、それがわからない」という、相手との関わり方のスキルを学びたいとの意見があげられた。

　そこで、私たちは新たなプログラムとして、介入や支援を拒否する家族など、援助職の訪問を望まない人への訪問の仕方、関わり方、コミュニケーションの取り方について学ぶワークを追加することとした。このワークは「理解のすり合わせのためのエクササイズ」とし、相手がすでに知っている言葉・情報、興味をもちそうな内容を活用し、相手の漠然とした知識を具体的に説明することで、自分と相手の知識をすり合わせる（相手の資源を活用し、理解をすり合わせる）という手法をとる。拒否的傾向の強い家族とのパートナーシップ（協働）関係の形成を可能とし、本人・家族とのコミュニケーションを円滑に進めるための技法をワークを通して学ぶこととした。

2．エピソードシートの作成（→資料編137・138ページ）

　AAAアプローチでは、相談・通報等を受け、地域包括職員や行政職員が事実確認と関係形成のための家庭訪問を行う際、ある程度の面接が可能となった段階でタイムシート面接を行うとしている。研修プログラムでは、このタイムシート面接のロールプレイを取り入れており、50分程度のワークを行う。そのワークを行うなかでいくつか課題が見えてきた。まず、24時間の時間軸の印刷されたタイムシートを活用してタイムシート面接のロールプレイを行うと、短時間で、相手の24時間分の生活をヒアリングをしなければいけないと誤解をする参加者が出てきたのである。こうした人はかなりのハイスピードで、機械的に相手の生活についてインタビューし、結果的に相手の生活への共感的理解など行えないままワークを終了してしまっていた。本来のタイムシートの使用目的は、相手の24時間の生活の内容を機械的に事細かに把握することではなく、むしろ相手の生活を知るプロセスを通して、危害、リスク、安全のサインを把握したり、支援の糸口を見つける、関係づくりを行うことを狙いとしている。

　しかし、事前にこうした目的を何度か伝えても、主催者側の意図が参加者になかなか伝わらない場面が多く見られた。また、当該事例を複数回訪問する際、2度目以降の訪問で、新たにタイムシートを使って一から面接を行うことに抵抗を感じるという意見も聞かれるようになった。実際に1つのエピソードについて尋ねていく場合、どういう問いかけをしていけばよいのかわからない、という声も聞かれた。

　そこで、こうした疑問や誤解を防ぐために、新たなシートを開発した。これは、タイムシートをよりシンプルにしたものであり、「エピソードシート」と名付けた。タイムシートが「1日の概観」に適しているのに対して、エピソードシートは食事や排せつ、入浴等、個別の家事・介護のエピソードについて丁寧に掘り下げて聞いていくことができる。初回訪問でのタイムシート面接で本人への食事の提供状態について気がかりな点を把握した場合、再度の訪問で、今度はエピソードシートを使う。実際の食事提供場面に関して危害、リスクの様子を丁寧に把握するとともに家族の工夫している点、安全のサインについてもバランスよく把握しながら、相手への理解を深めることができるように配慮した。

　具体的な使用方法としては、たとえばエピソードシート（食事について）を活用して状況把握を行う場合、まず冒頭で「普段の食事」か「最近のちょっと大変だった食事」のどちらかを確認し、その食事に関して、本人の活動、家族のお世話の状況、手伝ってくれた人・もの・サービスの状況についてそれぞれヒアリングしていく。食事とは、つくる側、食べる側それぞれの価値観、こだわりが出るところであり、献立、栄養バランス、形状（普通食・刻み食・流動食）、介助の状況など人によりさまざまある。こうした個々の家庭の文化、苦労なども把握できるように、エピソードシートの後半では、援助職が相手の工夫している点について問いかけを行う際の参考となるキーワードも記しておくこととした。このキーワードの設定により、調理・食事介助等の経験の少ない援助職であっても、相手の食事について尋ねる際に質問を重ねやすくなったといえる。

キーワード例：調理方法、嚥下状況、メニュー、好み・こだわり、彩り、盛り付け、器、保存、栄養、食事療法。

　このエピソードシートの開発により、シートの本来の目的が参加者に伝わりやすくなったと思われる。また、時間に制限があり、24時間の生活について聞くゆとりのない場合などであっても、焦らず丁寧な面接を行うことを可能にしたと言えるだろう。

3. 安心づくりシートの改訂（→資料編140ページ）

　安心づくりシートとは既述したように、暴力、暴言などの不適切な行為の存在が、あるいはネグレクト等の適切な行為の不在が、当事者と援助職の間で共有された段階で用いることを想定した面接シートである。内容としては《心配なことが起こりやすいパターン》、《例外的な・なんとか（うまく）やれた場面の確認》、《その他》、さらに面接後に記入する《ねぎらいのポイント》の4点で、それぞれの記入欄に面接内容を記すものとしていた。ところが、研修と試行を繰り返すなかで、設定していた4つの内容への理解とシートの活用方法についてのガイドが不十分であったため、ワークの意図が参加者に十分伝わらない場面が見られた。また、安心づくりシートでは目標設定に関する話し合いを設定しておらず、本人や家族を交えたプランニングをめぐる話し合いの場面で、プランニングシート（話し合い用）を用いて本人や家族と目標について話し合うことを想定していたが、このシートの活用率は極めて低かった。これは実際には、本人や家族が同席してプランニングのための会議を行うことが少ないという現実的な制約を受けていると考えられた。AAAでは、例外や対処から強みを探すことだけではなく、本人や家族と目標を共に話し合うことを通して協働関係を形成することを重視している。だが、その場面が実際に活用されないのではアプローチの有用性が低くなってしまうことが懸念される。そこで安心づくりシートとプランニングシート（話し合い用）を抜本的に改訂することとした。

　安心づくりシートの改訂版では、主要な内容を《心配なことが起こりやすいパターンとその例外》、《資源（リソース）の確認・探索》、《何が起きる必要があるのでしょうか》という3点にまとめることとした。〈心配なことが起こりやすいパターン〉と〈例外〉はこれまで2つに分けられていたが、ここで1つの枠にまとめた。たとえば「夜中の排泄介助は、くどくどと意味不明なことを言われ、イライラし怒鳴ってしまうが（心配なことが起こりやすいパターン）、日中暖かい日は母親の調子もよく、そういうこともない（例外）、また、昼間近所のAさんが夕飯のおかずを分けてくれることがあるが、そういう時はイライラも減っているような気がする（例外）」など、「心配なこと」と「例外」を連続して聴くことが可能となり、面接の流れがスムーズに行えるようになったといえる。

　2つ目の項目には、これまで《その他》とあいまいな位置付けを行っていた内容を《資源（リソース）の確認・探索》と明確に位置づけた。複雑な家族事情を経験している家族への支援を行うためには、その家族構成員間の関係性や家族の歴史、本人や介護者が大切にして

いる価値観、サポートネットワークについての幅広い情報収集が不可欠となる。この項目を《資源（リソース）の確認・探索》として独立させたことにより、相手の資源、価値観等、重要な情報を丁寧に掘り下げることが可能となると考えられた。ケースのアセスメントを行う視点軸としても、1つ目の項目の〈心配なことと例外〉は現状をめぐる横の関係性に焦点を当てているのに対し、2つ目の項目の《資源（リソース）の確認・探索》は、これまでの経緯のなかのいわば縦の時間軸から情報を収集することが可能になり、立体的に利用者の生活に寄り添って考えることができるようになる。また以前、〈その他〉と名付けていたときには「何を聞いたらいいのかわからない」という質問もあったため、家族の生活歴をめぐる質問や、サポートネットワークをめぐる質問例を例示することで、より実践的に対話が進むように心がけた。

　第3番目の項目には、《何が起きる必要があるでしょうか》として「目標」をめぐる対話を設定した。ご本人や家族が安心している瞬間に起きていることは何かを尋ねる項目〈何が起きる必要があるか〉である。ここでは、本人や家族が安心している瞬間に起きていること、過ごし方とはなにか、また、本人や家族が安心している瞬間をつくるためには、それに近づくためには、何が起きる必要があると考えているか、等について尋ねていく。目標設定というと、援助職はしばしば「サービスの利用」という「手段」を中心に考えがちであるが、ここで話し合うのは「手段ではなく状態」であるということを強調している。具体的には、「みんなが安心している瞬間とは、母親が笑顔で、にこにこした感じの時間で、会話が通じるときかな」、「そのためには、自分も長風呂できたり、晩酌がおいしいと感じたり、テレビが面白いと感じたり、そういうことができるってことかな」などが想定できる。こうした本来の望ましい状態をリアルに話し合うことにより、介護者を含む関係者全員の動機づけを高めることができる。そして単なるサービスの導入の押し付け等では終わらない支援の方向性が見えてくる。

　このように、安心づくりシートの項目内容を再整理し、安心づくり面接における情報収集と対話の流れの枠組みを鮮明にし、かつ目標をめぐる対話も位置付けることにより、安心づくり面接に関する参加者の理解もより深まっていくと考えた。

4．ケースカンファレンス記入様式の作成（→資料篇143ページ）

　研修終了後アンケートにおいて、多職種協働のケースカンファレンスの実践方法についてAAAの考え方で学びたいという意見があげられていた。またプランニングシート（機関用）の活用割合は決して高くないという実情もあった。そこで、私たちはAAA式ケースカンファレンス記入様式と実践プログラムを開発し、研修で取り上げることとした。

　AAAでは、虐待が疑われる事例のケースカンファレンスの実施において、「できるだけたくさんの関係者が集まる」、「『上位下達』の場にならない」、「ケースカンファレンスの『目的』を共有している」、「参加者全員が参加したことが『自分の役に立った』と思える」こと

を重視した。そして、うまく会議を進めるためのポイントとして、「ケース対応を一緒に考えるための会議であり、本人、介護者が同席しているとしたらということを常に念頭に置く」、「ファシリテーターは議事を行うのではなく、全参加者から考えを引き出し、すべて意見を肯定していく」、「事前の準備負担や検討結果としての対応が誰か1人に偏りすぎない」、「最初からうまくいく方法を探さない、小さな一歩を全員で共有し、その意味を考える」との考え方を示し、その方法論を提示した。

具体的にカンファレンスを実施する際には、視線が「個人」に集中すると視線の圧力により上下関係ができやすいため、視線を逃すためにホワイトボードや黒板、大きな紙等を活用して「みんなでメモを見る」というスタイルを奨励した。書記係の技量を要するものの、その場でメモをとれば事前準備も少なくて済む。このときは書記の存在を無視して話が先に進むこともあるので、ファシリテーター（司会者）は書記の記録に全員の注意を向けながら進める必要がある。

ホワイトボードに記す会議の流れとしては、①〈基本属性と支援経過〉の確認、②〈家族の状況〉、③〈支援の実際〉、④〈現状の評価〉、⑤〈どうなったらよいか〉、⑥〈何が起きる必要があるのか〉、⑦〈アイディア・ブレインストーミング〉、⑧〈考えたことの共有〉、という8つの項目を設定した。これらをまとめたものがケースカンファレンス様式である。以下簡単に8項目について記す。

まず①〈基本属性と支援経過〉の確認である。ここでは、ジェノグラムつきのエコマップ、基本属性、これまでの支援の経過の概要についてざっと記す。そこに、関係者の観察した実際の状況が加わる形となる。

次に②〈家族の状況〉である。（家族が）できていること／うまくいっていること／頑張っていること等、実際に起きた困難、危険、問題等、必要なこととその根拠等、その家庭がどういう家族であるか、関係者それぞれの把握している状況を出し合い、参加者全員で共有していく。ここは旧プランニングシートの「できていること・うまくいっていること」、「心配なこと」、「危険なこと・早急に対応の必要なこと」の3点に分けて情報を整理するやり方をそのまま踏襲している。

次いで③〈支援の実際〉である。ここではこれまでの援助職の支援を振り返る。誰かにとってうまくいったこと、役立ったこと、支援のなかで失敗だったと考えていること、支援者の内外にあるリソース（どんなに小さなものであっても）等を書き出していく。ケースカンファレンスの多くが、しばしば利用者の分析や利用者から必要な情報を得ていない等、援助職への批判だけで終わってしまいがちなのは、これまでの「支援内容の点検」が不十分であるからではないか。こうした反省を踏まえて、ここでは関わっている援助職すべてに焦点を当てるように意識している。誰が、どんな関わりをしたらうまくいかないか、だけではなく、誰がどんな関わりをしたらまあ悪くなかったか、を共有することは、今後の支援の展開を支える大事な情報になりうる。さらに支援者の内外にあるリソースについては、サービス等の社会資源だけでなく、支援者のサポートネットワーク、趣味、熱意等、この家族への支援に使えそうなものはすべて記していくことが重要である。

次いで、④〈現状の評価〉をスケーリング評価を用いて行う。「もっとも大変な状態／深刻な状態（緊急性高い。ただちに分離措置介入）を0点、十分安心して満足できる状態（虐待事例としての支援は不要）を10点とすると、今の状態は何点か？　ご本人は？　ご家族は？　援助職は？」との問いかけを関係者1人ひとりに確認していく。このときに重要なことはチームで同じ点数になることではない。むしろ専門性や関わり方の違いに起因する違いがあることのよさを強調したい。「立場の違いによる見立ての違い」を可視化し、その意識の共有を図ったうえで、まだ共有されていない情報があるなら追加していく。支援の目標はそれぞれが同じ点数になることではなく、それぞれの点数が1点でも上がることである。これらのことを話し合いの共通目標にすることができる。

次いで、⑤〈どうなったらよいか〉で本人、家族がどうなったらよいか、援助職の関わりはどうなったらよいかという、今後の目標について情報を共有しておく。ここでは安心づくり面接で得られた本人や家族の望んでいる「状態」を共有することが中心となる。援助職としても、「どのような状態になることが望ましいか」を話し合うことが重要である。

さらに⑥〈何が起きる必要があるのか〉において、ステップ⑤で描かれた状態の実現に向けて、そのために何が起きる必要があるのか、小さなステップを考える。⑦〈アイディア・ブレインストーミング〉において、そのためにできそうなアイディアを関係者間で話し合う。ここのアイディアを出し合うプロセスには「正解」はないため、思いついたことを自由にブレインストーミングしていくことが重要である。ここでは「誰がやるか」、「現実的に可能かどうか」はさておき、発想を広げることが重要である。

最後に、⑧〈考えたことの共有〉において、これらの話し合いを通じて考えたこと、感じたこと、学んだこと、実際に活用したいと思ったことを全参加者から意見を出してもらい終了となる。ここでは、先ほどのブレインストーミングを経て、お互いにやりたいと思ったことについて宣言し共有することが含まれる。

虐待事例への対応において「ベストを尽くす」とは、ときにほんのささやかな一歩しか歩めないことであったり、ただ待つのみで何も介入ができないままのことであったりする。しかし、AAA式ケースカンファレンス様式の作成、並びにケースカンファレンスの方法を学ぶことにより、本人、家族を含む関係者との協働のアプローチを実践することが可能となる。それによって、ただ待ち、最悪の状況になることを防ぎ、何らかのチャンスが生れてくる可能性があるといえる。

5. 応用編：模擬事例ロールプレイ

当初の研修プログラムにおいては、AAAについての基本的な理解をしてもらうことを主たる目的としていたため、使用する事例は虐待対応としては比較的イメージしやすい事例を私たちが作成し活用していた。また、参加者には体験的理解を通して、AAAの特徴を理解してもらうことを目的として、参加者自身の生活、エピソード活用するワークも設定して

いた。

　ところが、研修後アンケートにおいて、一部の参加者より「介護を真剣に考えていないヘビィな事例について学びたい」「すべて拒否する事例に対してAAAではどう対応するのか」「年金搾取についてはどうか」「多問題ケースの解決、対応に特に役立つということであれば、そのような事例でワークしたかった」「自分の事例はいらないのでもっとむずかしい事例を学びたい」との率直な意見が聞かれた。

　私たちはこうした意見を前向きに取り入れる方向で検討を行った。そして、参加者のなかには、初めてAAAを学ぶ人もいることを考慮し、研修を基礎編と応用編との2種類に分けた。基礎編は初めて学ぶ人に向けて、旧来と同様の模擬事例および参加者自身がクライエント体験を行うことを含めた研修プログラムとした。応用編では、多問題を抱えた模擬事例をイラストを用いて設定し、参加者が家族を演じる形でロールプレイを行うようにした。事例の場面設定に関しては、グループ内で自由に改変して構わないこととし、自由度をある程度高めた形でプログラムを組んだ（自由度をある程度高めたのは、資料に設定された役割を演じることにこだわり過ぎてしまうと、ロールプレイの演技が逆にとらわれたものになってしまうからである。体験の質を重視するため、実際の体験をイメージしながら役を演じてもらうようにガイドした）。

　応用編については一度実施した。時間的にはハイペースな研修であったにもかかわらず、研修後アンケートでは、満足度が非常に高いという結果が見られた。ただし、短時間に内容をたくさん詰め込み過ぎてしまったため、研修実施上の課題も多く残された。より有効な研修のあり方について、さらに検討を重ねていく必要があると考えている。

【引用・参考文献】
Kim. B. I. and Scott. D. Miller. 1992. Working with the Problem Drinker：A Solution-Focused Approach, W. W. Norton & Company. 斉藤学監訳『飲酒問題とその解決』．金剛出版，p67
副田あけみ. 2005.『社会福祉援助技術論―ジェネラリスト・アプローチの視点から』．誠信書房．p.63
副田あけみ・土屋典子. 2011.「高齢者虐待防止のための実践アプローチ開発」,『高齢者虐待防止研究』7巻1号
Turnell. A .& Edwards, S. 1994＝2004. Singns of Safety：A Solution and Safety Oriented Approach to Child Protection Casework, W. W. Norton & Company. Inc., 白木孝二・井上薫・井上直美・監訳『安全のサインを求めて―子ども虐待防止のためのサインズ・オブ・セイフティ・アプローチ』．金剛出版. p80

高齢者虐待への介入アプローチ —— 安心づくり安全探しアプローチ(AAA) ——

終章 普及と開発研究の意義

1節 開発研究の成果

1.「安心づくり安全探しアプローチ」開発過程のまとめ

　2005年の高齢者虐待防止法成立以来、高齢者虐待の相談・通報件数が毎年度増加の傾向を示している。被虐待者が高齢女性であることは1990年代から変わっていないが、典型的な虐待者は息子の妻から未婚あるいは独身の息子に変わったといってよい。序章で見たように、2010年度の厚生労働省の調査によれば、虐待者の41.0％は「息子」であり、被虐待者の世帯累計の37.6％は「未婚の子どもとの世帯」、虐待種類の63.5％は身体的虐待（複数回答）である。

　地域包括職員、ケアマネジャーなど、高齢者ケアに携わる援助職には女性が多い。彼女たちにとって、物理的な暴力をふるう中高年の未婚ないし独身の息子は、怖さや不安を感じる存在である。そうした息子を初め、虐待する家族は虐待を否定し、介入を拒否する傾向が強い。彼女たちが高齢者虐待事例に対し、困難感や回避感情をもっても不思議ではない。しかし、被害を受けている高齢者を支援していくためにも、この困難感や回避感情を少しでも和らげ、なんとか対応していけるという対処可能感をもつ必要がある。虐待する家族と少しでも話し合える関係をつくることを試みながらこの感覚を少しずつ獲得し、さらに解決に向けて話し合える関係づくりを進めていく。そのことが、虐待を受けている高齢者だけでなく、虐待している家族をも、つまり、家族全体を支援するために必要である。

　しかし、高齢者虐待に関する既存の実践モデルには、虐待する家族と話し合える関係づくりに焦点を当てたモデルはなかった。そこで、私たちは、M-D&D（修正版デザイン・アンド・デイベロップメント）という、介入アプローチの開発研究法に従って、新しい介入アプローチの開発に取り組むことにした。注目したのは、援助職と子どもを虐待する家族とのパートナーシップを強調するサインズ・オブ・セイフティ・アプローチである。その基本コンセプトと方法を学ぶとともに、このアプローチが基盤としている解決志向アプローチについても学びながら、その基本的な考え方と技法を高齢者虐待事例に援用できるようにするために、危害リスク確認シート、安全探しシート、安心づくりシート、プランニングシート（機関用）（話し合い用）を作成した。タイムシートは生活時間様式研究会（代表：小林良二）に了承を得て活用することとした。また、相談・通報の受理から始める支援過程の各

位相において、これらのシートを使って面接する際の姿勢や留意点、質問法などを整理し、このアプローチを「安心づくり安全探しアプローチ」(略称AAA：スリーエー)と呼ぶことにした。

　AAAが高齢者虐待事例に関わる援助職にとって有用なアプローチといえるのかどうか検証するためには、まず、援助職にこのアプローチを研修で学んでもらう必要がある。研修プログラムには、なぜ、新しいアプローチが必要か、という理由についての理解や、AAAが基盤としている解決志向アプローチならびにサインズ・オブ・セイフティ・アプローチの基本的考え方を学ぶための内容も含めた。わが国の高齢者ケアに携わる援助職は、問題・ニーズのアセスメントを重視するジェネラリスト・アプローチやケアマネジメント論には慣れているが、利用者の状況についての意味付けや希望する状況の意味付けを重視する解決志向アプローチにはまだ馴染みが薄い。そこで、解決志向アプローチによる実践を体感してもらうためのワークも多く取り入れた。

　研修は、2010年2月からの約1年間に関東と北陸など9か所で行った。そして、①研修前後の質問紙調査と②研修3か月後質問紙調査によってAAAの研修の効果を、③フォローアップ調査(経過記録シート調査とインタビュー調査)によって、AAAを実践に応用した場合の有用性を検証した。

2. AAAの検証結果

　①の研修前後比較分析 (N=311名) の結果、AAAの学びが短期的には「対処可能感」の有意な向上をもたらすことが明らかとなった。

　研究開始当初、なんとか対応していけるという感覚を「自己効力感」として表現していた。だが、3章5節1で記述したように、研究を進めていくなかで「対処可能感」という用語のほうが適切であることが明らかとなった。そこで、効果評価にあたり「対処可能感」の予備調査シンプル版の尺度を作成し、質問紙調査を行った。その後、予備調査の結果分析や研修の際に寄せられた感想や要望などを精査したうえで4項目を追加した本調査用の尺度を作成した。「そう感じない」から「そう感じる」までの4件法で尋ねた結果に、1〜4点の得点を与えて合計得点を算出した結果、研修前の平均得点は25.9点、研修後は28.0点で有意な差 ($t=11.7$, $p<0.1$) が見られた。

　また、質問紙調査の自由記述欄には、不安の軽減に役立つ、前向きな姿勢を獲得できた、当事者の気持ちを体験的に理解できた、といったAAAについての感想が多く寄せられた。このことも、AAAが援助職の対処可能感の向上に役立つことを示唆している。

　②の3か月後質問紙調査は、研修参加者のうち研修後の質問紙調査にAAAの各シートを活用したいと連絡先を記述した者を対象に郵送調査で実施した。回答者は78名(回収率45.1%)であった。研修3か月後においても高い対処可能感を保持している者(対処可能感高群)と、対処可能感が低下した群(対処可能感低群)に分け、両者の特徴を比較してみた

結果、経験年数が相対的に長いこと（4年以上）、安心づくりシートとプランニングシートを活用していること、AAAの基本的な考え方のうち強み（ストレングス）視点に立ち、家族の体験の理解に努めていることが、対処可能感高群に影響を与えていることが明らかになった。

また、重回帰分析を用いて、変数相互の関連性を統制しつつ影響力の強さを検討したところ、安心づくりシートを用いた面接を行うことが、対処可能感に強い影響力をもっていることが明らかとなった。このことは、AAAのなかでも安心づくりシートを用いた面接、つまり、問題が語られた後に「例外」や強みを確認し合う面接ができると、家族の体験に寄り添いながらより建設的な仕方で支援の手がかりを見出せ、高い対処可能感をもつことができることを示唆している。

③のフォローアップ調査として実施した経過記録シート調査とインタビュー調査の結果は、いずれもAAAの援助職にとっての有用性を示唆するものであった。

プライバシーに関する記述を極力回避する形で行った経過記録シート調査（提供事例11、分析対象事例8）のスケーリング評価結果の分析からは、AAAの基本的考え方と技法に基づいた面接を重ねることで、虐待する家族との関係性について評価点が向上し（8例）、虐待する家族の状況変化に関する意欲（動機付け）についてもその評価点が向上する傾向（7例）が見られた。事例数は少ないが、AAAによる実践は、援助職と虐待する家族とのパートナーシップ形成に役立つとともに、虐待する家族の意欲にも肯定的な効果をもたらすことが示唆された。

経過記録シート調査に協力した人々へのグループインタビューと、3人への個別インタビューでは、AAAの強み視点と具体的事実に基づくコンプリメントの実践が、虐待する家族との関係性づくりに役立ったという体験、また、AAAを学んだことで、虐待された高齢者だけでなく虐待する家族にも寄り添い、一緒に考えていくという姿勢をとることができた体験、などが語られた。これらのことから、AAAを実践した援助職に、AAAの有用性が認識されていることを確認することができた。

研修中に受けた参加者からの質問や、研修後質問紙調査の自由記述欄に記載された感想・質問、また、私たちの研修後の振り返りなどを踏まえ、4章4節で記述したようなシートの改善や新シート開発、模擬事例を入れた研修プログラムの開発を行い、AAAの改良を重ねた。

なお、4章で執筆した評価調査は、そうした改良前のプログラムとシートを用いて実施した研修における調査である。研修場所によって研修時間が若干異なったため、研修のうちの講義部分、たとえば、「なぜ新しいアプローチが必要か？」、「従来の虐待対応アプローチとは？」、「問題志向アプローチと解決志向アプローチはどこが違うか？」などに関する解説時間は若干異なる。だが、どの研修においても、AAAの基本的考え方や技法に関する講義やワークについては、同じように実施している。

2節 普及の方法と課題

1. 普及方法

　M-D&D（修正版デザイン・アンド・デイベロップメント）では、開発した介入アプローチの効果や有用性が評価調査の結果明らかになったならば、最後のフェーズとしてそのアプローチを普及させることとしている。
　AAAの普及方法としては、(1)研修、(2)ホームページ、(3)学会報告、(4)文書、を用いた。

(1) 研修
　AAAを広めるべく、私たちは個別に高齢者虐待に関する研修を依頼された際にも、依頼先の了解を得てAAAによる研修を行い、AAAの普及に努めている。また、新たに開発したシートを用いた研修や模擬事例による研修も実施している。この改良後の研修では、AAAを初めて学ぶ人を対象とした基礎編と、一度は学んだことがある人を対象とした応用編に分けて研修を実施している。これらの研修においては、AAAに関心をもっていただいた社会福祉士1名、ケアマネジャー1名に、研修のサポーターとして参加してもらっている。今後もAAAの研修は、基礎編も応用編もできる限り実施していくとともに、必要に応じて改良を重ねていく。
　研修に参加した方からは、AAAは支援困難事例にも使えると思う、といった感想を研修後にメールでいただくこともある。また、地域包括職員から、AAAの研修で行ったロールプレイを、ケアマネジャーを対象とする自分たちの研修で実施してもよいか、という問い合わせをもらい、実施後に参加者からよい評価を得られたといった報告をもらうこともある。このような形で、AAAの基本的な考え方や技法が理解され、関係者の間に広まっていくことが私たちの望みである。

(2) ホームページ
　2010年5月初旬に、AAAのホームページを開設した。5月末にはブログも開設し、AAAや解決志向アプローチの解説、研修後質問紙調査の自由記述欄に記載された質問への回答、研修参加者からいただいた感想、学会等で発表したAAAについての報告等の記事をアップしてきた。これらの記事を見た機関からの研修依頼もある。

(3) 学会報告
　研究成果をいくつかの学会で発表した。研修前後比較分析の結果（第7回日本高齢者虐待防止学会．2010年7月3日）、対処可能感の尺度開発（第28回日本ソーシャルワーク学会．

2011年7月3日)、3か月後質問紙調査の結果（第8回日本高齢者虐待防止学会．2011年7月30日)、フォローアップ調査の結果（第29回日本ソーシャルワーク学会、2012年6月10日)、である。また、日本の高齢者虐待の実態とAAAの開発研究に関するワークショップを、21th Asian Pacific Social Work Conference（東京．7月17日）と、2012 Aging America Conference（2012年3月29日）において行った。

(4) 文書

　ケアマネジャーや地域包括職員、行政機関職員等、高齢者虐待に関わる援助職に目につきやすい業界新聞に、AAAは虐待を早期解決に導くための方法であるとして記事が掲載された（2010年5月）[1]。また、同様の月刊誌に、同じような内容の原稿を寄稿した[2]。日本高齢者虐待防止学会で発表した内容は学会誌に投稿し、掲載された[3]。また、より広く活用してもらうために、研修内容を中心としたAAAのガイドブックを刊行した（2012年10月）[4]。そして、AAA開発研究の実践および研究上の意義を広く理解してもらうために、本書を刊行した。

2. 普及の課題

　AAAが援助職の間に普及していくには、研修がもっともよい方法である。だが、その研修の方法にも課題がある。

　ある研修参加者が言ったように、AAAの研修に地域包括から1人で参加していたのでは、AAAに興味をもち実践で使っていこうと思ってもそれはなかなかむずかしい。同僚や上司に理解してもらえないのではないかという不安をもってしまう。また、同じ地域包括から数人参加していて、地域包括としてはみんなでやってみようと思ったとしても、行政の高齢者虐待担当者やその上司、ケアマネジャーらにわかってもらえないのではと考えてしまう。これでは、研修参加者によって評価されたAAAも、実践の場で広く普及していくことはむずかしい。

　高齢者虐待対応は、通常、援助職が1人では対応しない。危害やリスクのアセスメントも支援プランの作成も、職場のミーティングで、あるいは、行政担当者等とのカンファレンスで行うことになっている。特に、危害の程度が高い事例の場合、行政担当者等との協議は不可欠である。こうした対応をチームアプローチと呼んでいるが、このチームには、必要に応じて、居宅介護支援事業所のケアマネジャーや介護サービス事業所の責任者、また、医療機関の医療ソーシャルワーカーや医師・看護師、保健センターなど高齢者支援課以外の行政部署職員、弁護士などの関係者が参加する。

　上記した組織は、いずれも専門機関であり、基本的に問題志向的な組織文化をもっている。つまり、援助にあたっては、まず問題・ニーズをアセスメントし、問題・ニーズの原因や構造を分析したうえで、介入／支援プランを作成するという基本姿勢と方法である。虐待

事例については、まず危害リスクをアセスメントし、再発防止のために分離や早期のサービス導入を図ることが基本、といった考え方である。こうした組織文化のなかで、解決志向のAAAを実践で活かそうとすることは簡単なことではない。特に、AAAを評価し使ってみようと思った研修参加者が職場に1人しかいないようであれば、職場のなかにおいてもAAAの普及はむずかしい。

　かりに、これらの組織の職員や管理職を一同に集めてAAAの研修を行ったとしても、組織文化を一気に変容させることは困難であり、逆に抵抗が強くなる。では、こうした組織の援助職や上司がAAAに対する関心をもち、研修を受けてAAAを実践で使ってみようと思っている援助職を受け入れてくれるようになるには、あるいはまた、彼ら自身がAAAを学んでみたいと思うようになるには、どのようにすればよいだろうか。

　私たちは、AAAの試行と改良によって新たに作成したAAAのケースカンファレンス様式を用いたケースカンファレンス、あるいは、勉強会としての事例検討会の開催が1つの方法になるのではないかと考え、副田がスーパーバイザーを務めるある事例検討会で試行した。この事例検討会には、3つの市町村の行政担当者と地域包括、在宅介護支援センター、デイサービスセンターの職員約30名が参加した（2011年7月11日実施）。このうち、AAAの研修を受けたことがあるのは、当日事例提供した地域包括職員と事務局担当の2人のみである。

　研修後に簡単なアンケートを取ったところ、「悪い点ばかりに目がいってしまうが困難ケースにも前向きに取り組んでいけそう」、「できていること、できていないことを、援助者側、利用者側のそれぞれから検討することで整理ができた」、「強みがわかることで、今後の援助もしやすくなることがわかった。少し考えを変えることで、マイナスと思っていたことが実は強みになると感じた」、「援助者ができていることを肯定的にとらえてくれるので、自信につながると感じた」といった、強み視点の実践がもつ利点を理解する感想が目立った。また、「いろいろな人の見方をグループで聞くことができてよかった」、「それぞれの経験や貴重な意見が聞けてよかった」という異なる組織間、職種間での意見交換の意義を述べたものも複数あった。

　こうした結果から、AAAのケースカンファレンス様式とそれを用いたカンファレンス法をさらに工夫することによって、地域包括、行政の高齢者虐待担当部署を中心に、その他の関係組織にもAAAによる高齢者虐待対応の理解を広めていくことができるのではないかと考えている。

　また、質問を重ねて丁寧に聞いていき、対処の工夫等についてコンプリメントしていくという解決志向アプローチが求めるコミュニケーション法を、関係組織との協働の場で用いることや（Greene & Lee. 2011）、近年、組織文化の肯定的変容法として論じられている、解決志向的な問いかけとしての「理解的探索（Appreciative Inquiry）」（Cooperrider. 1995）も、普及の手法として考えることができる[5]。今後は、こうした方法も検討していく。

　AAAによるケースカンファレンスの洗練化や、組織間協働におけるコミュニケーション法ならびに「理解的探索」の検討は、今後重視されていく「地域包括ケア」における組織間協働やチームアプローチの技法の検討にもつながる作業になるはずである。

3節 EBP研究における意義

　EBP（エビデンス・ベースト・プラクティス）は、エビデンス・ベースト医療の影響を受けて1990年代に登場し、英米を中心に発展してきた。EBPは、「エビデンスに基づく実践」という意味であり、実証的に検証された有効なサービスや方法を検討し、支援目的に適切でより有効と考えられるサービスや方法を選択し、実施することである。わが国のソーシャルワーク界においてEBPが関心を集めている理由は2つある。1つは、ソーシャルワークにおける支援方法の効果を明らかにし、ソーシャルワークをEBPとして実践していくことは、ソーシャルワークが「科学」として認知されることになる、という期待である。もう1つは、よりよい実践のためには、効果が実証されているサービス・プログラムや援助技法を活用するのがソーシャルワーカーとしての社会的責任である、という考えである。

　EBPのためには、サービス・プログラムや援助実践モデル／介入アプローチが効果的であるかどうか評価調査を行い、そのデータを集積する必要がある。しかし、ソーシャルワークの効果評価についてはいくつかの困難がある。これまで言われてきたものとしては、以下のようなものがある（副田．2009）。

　①もっとも厳密な効果評価法はRCT（ランダム比較試験）であるが、同じような問題やニーズをもつ人々を一定数集めたうえで、無作為に実験群と統制群とに振り分け、参加の同意をとっていくことはかなり困難なことである。それが可能だとしても、相当の時間とコストがかかる（実施の困難性）。②支援を必要とする状況にある人々を、無作為に実験群と統制群に振り分けるということは倫理的に問題がある（倫理上の問題）。③特にわが国のソーシャルワーク実践は、システム論に基づくジェネラリスト・アプローチやケアマネジメントによるものが多い。これらの方法では、実践は多様な支援内容を伴うことが多く、活動内容を特定化しにくい、また、問題・ニーズが多岐にわたるため、ワーカーの支援以外の支援・サービスが提供される可能性がある、など統制不可能な要因があるため効果検証がむずかしい（ソーシャルワーク実践の特性による評価困難性）。こうした困難ゆえに、わが国では、ソーシャルワーク研究における効果評価研究やM-D&Dの研究が乏しいと考えられてきた。

　サービス・プログラムや援助実践モデル／介入アプローチの目的は、通常、利用者／クライエントの問題・ニーズ改善・充足に役立つこと、また、利用者／クライエント自身のパーソナリテイ（認知／感情／行動パターン）の肯定的変化に役立つことと考えられている。それゆえ、上記のような困難が避けられない。今回、私たちは、対処できないのではないかという不安や困難感（問題）を抱え、それでも介入を拒否する利用者と何とか話し合える関係になる必要（ニード）をもっている援助職を支援できる介入アプローチの開発を行った。それゆえ、効果評価の対象は、援助職の対処可能感や関係性構築に限定することができた。

援助職が対処可能感をもち、利用者と関係性を構築していくこと、つまり、言葉を交わせることができるような段階から問題のパターンについて認識を共有し、解決像について話し合える関係、そして、解決像に向けての小さな一歩について話し合え、評価し合えるような関係へと関係性を深めていくことが、利用者の解決像の構築とそれに向けた小さな一歩を可能にし、そうしたことが問題状況の変化につながっていく。こうしたシステム論の観点をもつ解決志向アプローチを基盤とすることで、困難を抱える援助職支援のための介入アプローチ開発に取り組み、援助職の対処可能感や関係性構築と利用者の状況変化への意欲に限定した本アプローチの効果を検証することが可能となった。

　従来のような利用者／クライエントの問題改善やニーズ充足に焦点を当てたサービス・プログラムや実践モデル／介入アプローチのEBP研究だけでなく、援助職の困難感やニーズ、また、関係性構築に焦点を当てたサービス・プログラムや実践モデル／介入アプローチの開発研究がありうるということを、AAAの開発研究で示すことができた。多様な援助実践の場にいる援助職たちは、介入・支援を行っていくなかで多くの困難を抱えている。支援者支援の方法はもっと検討されてよい。今回の開発研究は、今後の介入アプローチの効果研究や開発研究、ひいてはソーシャルワークのEBP研究における研究法を広げるという意義を果たしたと言ってよいと思われる。

→ 注

1) シルバー新報「虐待対応アセスメントツールなど開発」（2010年5月14日）

2) 月刊ケアマネジメント「『虐待ケース』を早期解決に導く安心づくり・安全探しアプローチ」（2010年7月号）

3) 副田あけみ・土屋典子（2011）

4) 副田あけみ・土屋典子・長沼葉月（2012）

5) 問題志向的組織文化の変化を促す方法論として「理解的探索（AI）」が使える可能性がある（Turnell. 2010）。

【引用・参考文献】
Cooperrider, D. L. 1995. Appreciative Inquiry：Collaborating for Change, Berrett-Koehler Publishers
Greene, G. J. & Lee, M. Y. 2011. Solution-Oriented Social Work Practice. Oxford University Press
柴野松次郎. 2008.「ソーシャルワーク研究における評価研究方法―マイクロレベル実践における評価調査を中心として―」『ソーシャルワーク研究』29-3
秋山薊二. 2005.「Evidence-Based ソーシャルワークの理念と方法：証拠に基づくソーシャルワーク（EBS）によるパラダイム転換」『ソーシャルワーク研究』29-3
和気純子. 2009.「ソーシャルワークの演繹的研究方法」『ソーシャルワーク研究』35-2
大島巌. 2009.「日本の社会的介入プログラムにおけるRCT研究の可能性〜精神保健福祉プロの評価実践から〜」日本評価学会社会実験分科会主催セミナー資料
米倉裕希子. 2003.「ソーシャルワークにおける根拠に基づく実践：Evidence-based practiceの現状と課題」『社会問題研究』53-1

藤田譲. 2001.「慢性疾患患者へのソーシャルワーク実践（その3）―効果的な対処とそれに関連する要因―」.『関西学院大学社会学部紀要』第89号
副田あけみ. 2009.「ソーシャルワーク」. 松村祥子編、放送大学大学院文化科学研究所.『社会福祉研究』日本放送出版協会
副田あけみ・土屋典子. 2011.「高齢者虐待防止のための実践アプローチ開発」,『高齢者虐待防止研究』7-1
副田あけみ・土屋典子・長沼葉月. 2012.『高齢者虐待防止のための家族支援―安心づくり安全探しアプローチ（AAA）ガイドブック―』誠信書房
Turnell, A., http://www.signsogsafety.net/products-page/booklet/, The Signs of Safety :A Comprehensive Briefing Paper（最終アクセス日2012年11月30日）

資 料 編

危害リスク確認シート・・・・・・・・・・▶134ページ

安全探しシート・・・・・・・・・・・・・▶135ページ

タイムシート・・・・・・・・・・・・・・▶136ページ

エピソードシート・・・・・・・・・・・・▶137ページ

エピソードシート(食事について)・・・・・▶138ページ

安心づくりシート(旧版)・・・・・・・・・▶139ページ

安心づくりシート(改訂版)・・・・・・・・▶140ページ

プランニングシート(機関用)・・・・・・・▶141ページ

プランニングシート(話し合い用)・・・・・▶142ページ

ケースカンファレンスシート記入様式・・・▶143ページ

危害リスク確認シート

相談・通報のあった高齢者：氏名（　　　　　　　　　）性別（　　　）
年齢（　　　）要介護度（　　　　　）日時：　　　年　　月　　日

①～⑧について、該当項目を○で囲んでください。「その他」については具体的に書いてください。　記入者（　　　　　　　）

●危害状況（虐待の事実）

レッド	① すでに重大な結果が生じていますか？　その結果とはどのような状態ですか？ 頭部外傷（血腫　骨折）　腹部外傷　意識混濁　重度の褥そう　重い脱水症状 脱水症状の繰り返し　栄養失調　全身衰弱　強い自殺念慮　その他（　　　　　） ② 当事者が保護を求めていますか？求めているなら、その状況を詳しく（　）に記述してください。 高齢者自身が求めている（　　　　　　　　　　　　　　　　　　　　　　　） 虐待者が高齢者の保護を求めている（　　　　　　　　　　　　　　　　　　） ③ 当事者は次のような訴えをしていますか？ 高齢者：「殺される」「○○が怖い」「何も食べていない」　その他（　　　　　） 虐待者：「このままでは何をするかわからない」「殺してしまうかもしれない」その他（　）

レッド：①、②、③に○が1つでもある場合、緊急事例のおそれが強い

イエロー	④ 今後、重大な結果をもたらすおそれのある状態がすでに見られますか？それはどのような状態ですか？ 頭部打撲　顔面打撲・腫脹　不自然な内出血　やけど　非衛生的　怯え その他（　　　　　　　　　　　　　　　　　　　　　　　　　　　　　　） ⑤ 重大な結果をもたらすおそれのある暴力や暴言の繰り返し、ネグレクトの継続がみられますか？ 繰り返される暴力（内容や頻度：　　　　　　　　　　　　　　　　　　　　） 繰り返される暴言（内容や頻度：　　　　　　　　　　　　　　　　　　　　） 継続されるネグレクト（内容：　　　　　　　　　　　　　　　　　　　　　）

イエロー：①～③に○はないが、④か⑤に○が1つでもある場合、今後、緊急事例になるおそれあり

●リスク（状況を複雑化する要因）

⑥ 虐待を受けている高齢者の状態
認知症程度：　Ⅰ　　Ⅱa　　Ⅱb　　Ⅲa　　Ⅲb　　Ⅳ　　M
意思疎通：　困難　　不可
BPSD/周辺症状：徘徊　暴力行為　昼夜逆転　不穏興奮　失禁　その他（　　）
寝たきり度：　J1　J2　A1　A2　B1　B2　C1　C2
性格的問題（偏り）：衝動的　攻撃的　粘着質　依存的　その他（　　　　　）
障害・疾患：知的障害（　　）精神疾患（　　）依存症（　　）その他（　　）

⑦ 虐待している家族の状態
精神的安定度：　不安定　　判断力の低下　　その他（　　　　　　　　　　）
虐待の自覚：　なし　　否認
被虐待者への感情：　拒否的　　敵対的　　その他（　　　　　　　　　　　）
長期に渡る介護：（　　　　）年
介護負担感：　かなり重い　　やや重い　　その他（　　　　　　　　　　　）
認知症や介護に関する知識・技術：不足　不適切　誤解　その他（　　　　　）
性格的問題（偏り）：衝動的　攻撃的　未熟性　支配的　依存的　その他（　）
障害・疾患：知的障害　精神疾患（　　）依存症（　　）その他（　　　　　）
経済的問題：低所得　失業　借金　被虐待者への経済的依存　その他（　　　）

⑧ 家族全体の状況
世帯：　二人のみの暮らし　　その他（　　　　　　　　　　　　　　　　　）
家族関係：　虐待者・被虐待者間の不和　共依存関係　虐待者が暴力の被害者
　　　　　　その他の家族員間の不和
支援の不足：サービスの利用なし　その他の家族や親族の無関心　近隣住民の支援なし
住環境：　狭い　非衛生的　高齢者の居室なし　周囲の環境の悪さ　その他（　）

© AAA（安心づくり安全探しアプローチ研究会）

安全探しシート

相談・通報日時：
　日時：　　　　　年　　　　月　　　　日　　　　時
　お名前（　　　　　　　　　　　　　　　）担当者：（　　　　　　　）

相談・通報者：（　　　　　　　　　　　　）
　CM　サービス事業者　近隣住民・知人
　民生委員　被虐待者本人　家族・親族
　虐待者自身　行政職員　警察
　その他　不明（匿名を含む）

エコマップ（ジェノグラムを含む）

相談・通報契機：
　自分で見聞きした(　　　　　　　　　　　　　)
　他の人の話から（　　　　　　　　　　　　　）
　うわさで（　　　　　　　　　　　　　　　　）

心配と対応：
　他にも心配している人がいますか？（　　　　　　　　　　　　　　　　　　　　　）
　これまでも同じようなことがありましたか？（　　　　　　　　　　　　　　　　　）
　これまではどうしていましたか？（　　　　　　　　　　　　　　　　　　　　　　）

● 安全探し

⑩ 虐待を受けている高齢者

○自己資源（強み、長所、能力等）
[ ]コミュニケーションができる
[ ]自分の意思を表示できる
[ ]自分で避難できる
[ ]経済的に自立している
[ ]精神的に自立している
[ ]その他（　　　　　　　　　　）

○援助資源（支援者、ペット、宝物等）
[ ]養護者以外に支援してくれる家族・親族がいる（　　）
[ ]気にかけてくれる隣人・友人等がいる（　　　　）
[ ]民生委員やボランティアの訪問がある（　　　　）
[ ]ケアマネジャーが訪問している（　　　　　　　）
[ ]サービスを利用している（　　　　　　　　　　）
[ ]趣味をもっている（　　　　　　　　　　　　　）
[ ]その他（　　　　　　　　　　　　　　　　　　）

⑪ 虐待をしている養護者の状態

○自己資源（強み、長所、能力等）
[ ]虐待や放置をしていない時がある
[ ]介護する意欲はある
[ ]介護知識や技術を学ぶ気持ちはある
[ ]高齢者に対して気遣いがある
[ ]支援を求めている
[ ]その他（　　　　　　　　　　）

○援助資源（支援者、ペット、宝物等）
[ ]支援してくれる家族・親族がいる（　　　　　　）
[ ]相談や話しのできる友人がいる（　　　　　　　）
[ ]サービスを利用している（　　　　　　　　　　）
[ ]息抜きできる時間や場をもっている（　　　　　）
[ ]趣味をもっている（　　　　　　　　　　　　　）
[ ]その他（　　　　　　　　　　　　　　　　　　）

⑫ 家庭状況

○内的資源（強み、長所、能力等）
[ ]ふたりの仲はもともと悪くない
[ ]住環境はよい
[ ]その他（　　　　　　　　　　）

○外的資源（支援者、ペット、宝物等）
[ ]気にかけてくれる親族がいる（　　　　　　　　）
[ ]近隣の人々が関心を寄せている（　　　　　　　）
[ ]その他（　　　　　　　　　　　　　　　　　　）

© AAA(安心づくり安全探しアプローチ研究会)

タイムシート

ご本人のお名前（　　　　　）　担当者（　　　　　）記入日（　　　）

ご本人とご家族の生活の様子をお伺いします

	標準的な1日/負担を感じやすい1日		サービス・社会資源	標準介護項目
	ご本人の生活	ご家族のお世話の状況		
5:00				介助項目例
				排泄支援
6:00				体位交換
				起居動作支援
7:00				移動支援
				歩行支援
8:00				食事摂取支援
				水分摂取
9:00				更衣支援
				入浴支援
10:00				清拭
				保清
11:00				洗面
				整髪
12:00				身だしなみ
				散歩支援
1:00				外出支援
2:00				
3:00				家事項目例
				介助物品の準備
4:00				買い物
				掃除
5:00				整頓
				洗濯
6:00				洗濯取り込み
				洗濯ものたたみ
7:00				食事作り
				食事盛り付け
8:00				配膳
				整理
9:00				
10:00				
11:00				
12:00				
1:00				
2:00				
3:00				
4:00				

© 生活時間様式研究会（代表　小林良二）

ご本人のお名前（　　　　　　　　　　　　　　）　　記入日（　　　　　　　　）
お話し下さった方のお名前・続柄（　　　　　　　　　　　）　　担当（　　　　　　　　）

エピソードシート（　　　　　　　　について）

※どちらかに○→（　ふだんのようす　・　最近ちょっと大変だったときのようす　）

時間	ご本人の活動	ご家族のお世話の状況	手伝ってくれた人・もの・サービス

この話題に関連して特に工夫したり気配りしていることはありますか？
・やり方
・こだわり、ルール
・好み
・健康上の配慮等
・心配・不安

たまにでも手伝ってくれたり支えてくれる人やサービスはありますか？　もっとこうしてほしいということはありますか？

お話を聴いていて感じたことメモ（是非お伝えしたいこと）

© AAA(安心づくり安全探しアプローチ研究会)

ご本人のお名前（　　　　　　　　　　　　　　　　）　　記入日（　　　　　　　）
お話し下さった方のお名前・続柄（　　　　　　　　　　　）　　担当（　　　　　　　）

エピソードシート（食事について）

※どちらかに○→（　ふだんの食事のようす　・　最近ちょっと大変だった食事のようす　）

時間	ご本人の活動	ご家族のお世話の状況	手伝ってくれた人・もの・サービス

食事について特に工夫したり気配りしていることはありますか？
・食材
・調理方法
・嚥下状況
・メニュー
・好み／こだわり
・彩り、盛り付け、うつわ
・保存
・栄養／食事療法
・その他

たまにでも手伝ってくれたり支えてくれる人やサービスはありますか？　もっとこうしてほしいということはありますか？

お話を聴いていて感じたことメモ（是非お伝えしたいこと）

© AAA(安心づくり安全探しアプローチ研究会)

安心づくりシート（旧版）

お名前（　　　　　　　　　）記入日　　年　　月　　日　記入者（　　　　　　　　　）

《心配なことが起こりやすいパターン》 ◎その場面の背景・流れ ◎きっかけ ◎心配なこと	心配ごとが生じやすい状況に一定のパターンがある場合には、そこに配慮したサービスの利用により心配ごとの発生を予防できます。 具体的な場面について、丁寧にお話を聞き、どういう時に何が起こりやすいのか、出来事の流れを把握し整理しましょう。 タイム・シートを参考にして下さい。
《例外的な／何とか（うまく）やれた場面の確認》 ◎どんな場面だったか	心配ごとが生じてもおかしくない状況であっても、何とか防げたこともあるかもしれません。確認してみましょう。
◎いつもと何が違ったか	そういう時は、いつもと何が違ったのでしょうか。 何が違ったので、少しでも安心して過ごせたのでしょうか？ ご本人の状態、介護者の努力、周囲の支え等、小さな違いでも構いませんので探しましょう。何が役立つかはわかりません。
《その他》 ◎これまでの家族の関係について配慮すべきこと	複雑なご家族の事情があるかもしれません。ご家族の大変さに共感しつつお聞きしましょう。
◎本人や介護者が「譲れない」と思っていること、大事にしている価値観、尊重している人	介入プランを考える上でも、ご本人や介護者にとっての「譲れないこと」を把握することは重要です。また誰の話なら信頼しているか（主治医、友人、親戚、ケアマネジャーなど）、といった点についてもお聞きしてください。信頼してくれる方に、サポートネットワークに入っていただけると心強いです。
《援助者として感じたねぎらいポイント》	お話全体を振り返り、ご本人・介護者へ伝えたいねぎらいポイントを書きましょう。

© AAA(安心づくり安全探しアプローチ研究会)

安心づくりシート（改訂版）

お名前（　　　　　　　　　　）記入日　　年　　月　　日　記入者（　　　　　　　　）

《心配なことが起こりやすいパターンとその例外》
◎背景・きっかけ・その結果のパターンを書いてみましょう／パターンが見つかったら「例外」を話し合いましょう。
◎「例外」とは、パターンとは違うことが生じた時のことです。何が役立ったのか考えましょう。

《資源（リソース）の確認・探索》
◎ご本人や介護者の方は、どんな生き方をしてきたのかをお尋ねしましょう（介護者の場合には、特に本人との関わりあいを中心に）。
◎ご本人や介護者の方を、支えているものには何があるのか、話し合いましょう。サービス・趣味・友人・大事な価値観等、自由に話しましょう。
◎どんな気持ちがするか、良いことを振り返り、辛いことは「どう対処しているのか」確認してみましょう。

《何が起きる必要があるのでしょうか》
◎ご本人や介護者の方が安心している瞬間には、どんなことができているでしょうか、どんなふうに過ごしているでしょうか。
◎ご本人や介護者の方が安心している瞬間を作っていくためには／それに近づくためには、何が起きる必要があると考えていらっしゃいますか。「病気が治る・体が良くなる」という答えが出たら「そうですね、本当に。それから？　他には？」とお聞きしてみましょう。

心からの願いの状態を10点とすると、現状は何点でしょうか。

0 ←――――――――――――――――――――――――――→ 10

理由

何が起きたら、あと1点上がると思われますか。

© AAA(安心づくり安全探しアプローチ研究会)

プランニングシート（機関用）

ご本人のお名前（　　　　　　）　記入担当者（　　　　　　）記述日：　年　月　日

タイムシート・安心づくりシートをもとに以下のことを確認しながら、記入しましょう。

できていること	心配なこと	危険なこと・対策が必要なこと

もっとも大変な状態／深刻な状態を0点、十分安心して満足できる状態を10点とすると、今の状態は何点でしょう？　援助職ごとに書きましょう。本人・介護者の評価も書けたら書きましょう。

　　　　　0点　1　　2　　3　　4　　5　　6　　7　　8　　9　　10点
　　　　　←──────────────────────────────→

★ご本人／ご家族が語った目標

★当面のゴールについて：

★当面の改善のための役割分担：当面の目標の実現に向けて最初の一歩として何ができるでしょうか。

包括：

ケアマネ：

ヘルパー：

行政：

次回振り返り予定日：　　年　　月　　日

© AAA(安心づくり安全探しアプローチ研究会)

プランニングシート（話し合い用）

ご本人のお名前（　　　　　　）　記入担当者（　　　　　　）記述日：　年　月　日

タイムシート・安心づくりシートをもとに以下のことを確認しながら、記入しましょう。

うまくいっていること・安心なこと	気がかりなこと・大変なこと	心配なこと・繰り返したくないこと

もっとも大変な状態/深刻な状態を0点、十分安心して満足できる状態を10点とすると、今の状態は何点でしょう？　ご本人は？　ご家族は？　援助職は？

　　　　0点　1　2　3　4　5　6　7　8　9　10点
　　　　←――――――――――――――――――→

★目標：生活全般についてどうなっていたらよいでしょう？　10点満点の満足した生活というのはどういう状態ですか？

ご本人：

ご家族：

援助担当者：

★当面の目標探し：どうなっていたら、ご本人もご家族も援助担当者もが「現状より少しでも良い点数のほうに向かっている」と考えられるでしょうか。話し合ってみましょう。

★当面の改善のための役割分担：当面の目標の実現に向けて最初の一歩として何ができるでしょうか。

ご本人：
ご家族：
援助担当者：

次回振り返り予定日：　　年　月　日

© AAA(安心づくり安全探しアプローチ研究会)

ケースカンファレンスシート記入様式

| ○○さんへ今後どう対応していくか |

| 基本属性
・家族構成
・経済状況
・健康状況
・支援の現状 | エコマップ |

| 支援経過
・「誰が」「どんな」支援をしてきたか |

↓

家族の状況
- できていること／うまくいっていること／大事にしていること
- 実際に起きた困難・危険の事実
- 心配されていることとその根拠

支援の実際
- これまでの支援のなかでうまくいったこと、役立ったこと
- 支援のなかで失敗だったこと
- 支援者の内外にあるリソース

現状の評価（根拠を上記に書き足す）

0点 ←——————————————————→ 10点

本人はどうなっていたらよいか
介護者はどうなっていたらよいか
援助職はどんな関わりができたらよいか

そのために
まず何が起きる必要があるのか

アイディア・ブレインストーミング

考えたことの共有

©AAA（安心づくり安全探しアプローチ研究会）

執筆者紹介

副田あけみ（はじめに、1章2節、2章2節、3章1節・2節1.、4章3節、終章）
　関東学院大学教授・東京都立大学名誉教授。専門はソーシャルワーク論、高齢者福祉論。著書に『リーディングス日本の社会福祉3巻　高齢者と福祉―ケアのあり方』（日本図書センター）（編）、『高齢者虐待防止のための家族支援：安心づくり安全探しアプローチ（AAA）ガイドブック』（誠信書房）（長沼・土屋との共著）、『ソーシャルワークの研究方法――実践の科学化と理論化を目指して』（相川書房）、『闘争性の福祉社会学――ドラマトゥルギーとして』（東京大学出版会）（以上分担執筆）他。

長沼葉月（2章1節、3章2節3.4.、3章4節・5節、4章2節・4節3.4.5.）
　首都大学東京准教授。専門はソーシャルワーク論、家族支援論。著書に『家族で支える摂食障害』（保健同人社）、『受験生、心のテキスト』（角川学芸ブックス）、『これからの子ども家庭ソーシャルワーカー――スペシャリスト養成の実践』（ミネルヴァ書房）（以上分担執筆）他。

土屋典子（3章2節2.・3節、4章1節・4節1.2.）
　立正大学社会福祉学部専任講師。専門は高齢者福祉論、ソーシャルワーク論、福祉サービス論。著書に『ケアプラン文例集』（瀬谷出版）他。

坂本陽亮（序章、1章1節）
　特定医療法人つくばセントラル病院医療相談室勤務。

■高齢者虐待にどう向き合うか
――安心づくり安全探しアプローチ開発

2013年9月10日　初版第1刷発行

編著者　副田あけみ

装　丁　山内たつゑ
発行者　瀬谷直子
発行所　瀬谷出版株式会社
　　　　〒102-0083　東京都千代田区麹町5-4
　　　　電話03-5211-5775　FAX 03-5211-5322
印刷所　倉敷印刷株式会社

乱丁・落丁本はお取り替えいたします。許可なく複製・転載すること、部分的にもコピーすることを禁じます。
Printed in JAPAN © 2013 Akemi Soeda
ISBN978-4-902381-29-0　NDC369